Big Green Egg Kochbuch für Einsteiger

Mehr als 100 frische und leckere Barbecue-Rezepte zum Grillen, Räuchern, Backen und Braten mit Ihrem Keramikgrill

Soard Fobithe

© Copyright 2021 Soard Fobithe- Alle Rechte vorbehalten.

Kein Teil dieses Dokuments darf in irgendeiner Weise reproduziert, vervielfältigt oder übertragen werden, weder elektronisch noch in gedruckter Form. Die Aufzeichnung dieser Publikation ist strengstens untersagt, und jede Speicherung dieses Materials ist nur mit schriftlicher Genehmigung des Herausgebers gestattet. Alle Rechte vorbehalten.

Die hier zur Verfügung gestellten Informationen sind wahrheitsgetreu und konsistent, so dass jegliche Haftung in Bezug auf Unachtsamkeit oder anderweitig durch die Verwendung oder den Missbrauch der hierin enthaltenen Richtlinien, Prozesse oder Anweisungen in der alleinigen und vollständigen Verantwortung des empfangenden Lesers liegt. Unter keinen Umständen kann der Herausgeber für irgendwelche Wiedergutmachungen, Schäden oder finanzielle Verluste, die direkt oder indirekt auf die hierin enthaltenen Informationen zurückzuführen sind, haftbar gemacht werden.

Die jeweiligen Autoren besitzen alle Urheberrechte, die nicht beim Verlag liegen.

Rechtlicher Hinweis:

Dieses Buch ist urheberrechtlich geschützt. Es ist nur für den persönlichen Gebrauch bestimmt. Sie dürfen den Inhalt dieses Buches nicht ohne die Zustimmung des Autors oder des Urheberrechtsinhabers verändern, verbreiten, verkaufen, verwenden, zitieren oder paraphrasieren. Bei Zuwiderhandlung werden rechtliche Schritte eingeleitet.

Hinweis zum Haftungsausschluss:

Bitte beachten Sie, dass die in diesem Dokument enthaltenen Informationen nur zu Bildungs- und Unterhaltungszwecken dienen. Es wurden alle Anstrengungen unternommen, um genaue, aktuelle und zuverlässige, vollständige Informationen bereitzustellen. Es werden keine Garantien jeglicher Art ausgesprochen oder impliziert. Der Leser nimmt zur Kenntnis, dass der Autor keine rechtliche, finanzielle, medizinische oder professionelle Beratung anbietet.

Durch das Lesen dieses Dokuments erklärt sich der Leser damit einverstanden, dass wir unter keinen Umständen für direkte oder indirekte Verluste verantwortlich sind, die durch die Verwendung der in diesem Dokument enthaltenen Informationen entstehen, einschließlich, aber nicht beschränkt auf Fehler, Auslassungen oder Ungenauigkeiten.

Inhaltsverzeichnis

Einführung **8**

Kapitel 1: Rindfleisch **9**

    Steak-Handpasteten 9

    Rindfleisch-Spieße 11

    Ribeye-Steaks 12

    Beladener Burger 13

    Bolognese 14

    Sloppy Joes 15

    Rindfleisch Bourguignonne 16

    Gegrillte Baby Back Rib Hoagie-Rollen 18

Kapitel 2: Schweinefleisch **20**

    Schweinefleischspieße mit brauner Rosinenbutter und gerösteten Erdnüssen 20

    Schweinskoteletts mit Chili-Rubbel 22

    Frikadellen vom Schwein 23

    Schweinefleischflügel im Speckmantel 25

    Kubanisches Schweinefleisch (Lechon Asado) 26

    Spanische Schweinefiletstäbchen 27

    Weihnachts-Gingersnap-Schinken 28

    Zedernholzplanken-Schweinefilet 29

    Lendenbraten mit Knochen 30

    Chinesisches BBQ-Schweinefleisch 31

    Prime Rib Braten 32

    Pastrami nach New Yorker Art 33

    Perfekt geräuchertes Brisket nach Texas-Art 34

    Rouladen 35

Feiertags-Lendenbraten 36

Kapitel 3: Lamm **37**

Lammkarree mit pikantem Tzatziki 37

Gegrillte Lammkoteletts 38

Lammkeule in einer Rosmarin-Zitronen-Marinade 39

Griechische Lamm-Burger mit würzigem Tzatziki 40

Gegrillte Lammkeule mit Kräuterkruste 42

Kapitel 4: Geflügel **43**

Gegrillte Hähnchenflügel nach Südstaaten-Art 43

Hähnchen all'Arrabbiata 44

Grünes Curry-Huhn 45

Rotisserie-Hähnchen 46

Hähnchen Cacciatore 48

Geschmorte Hähnchenschenkel mit Champignons 49

Grünes Chile-Huhn-Chili 50

Glasiertes und gegrilltes süßes asiatisches Huhn 51

Hähnchen-Tacos 52

Truthahn-Speck-Dogs 53

Truthahn-Burger auf mexikanische Art 54

Truthahn-Schafskäsekuchen 55

Kapitel 5: Fische **56**

Zackenbarsch mit Tomate-Basilikum-Soße 56

Südlicher Wels mit hausgemachter Salsa 57

Gegrillter Thunfisch mit Chili-Orangen-Marinade 58

Pikante Jakobsmuscheln In Kokosmilch 59

Pinot Grigio Wein große Austern 61

Folienpackung Fischfilets 62

Zedernholzplanke Lachs 63

Griechischer Wolfsbarsch 64

Gegrillte ganze Forelle 65

Zitronenbett Kabeljau 66

Gegrillter Tilapia "Ceviche" 67

Gegrillte Garnele 68

Kapitel 6: Gemüse 69

Mexikanischer Cobb-Salat 69

Spargel auf asiatische Art 70

Grüne Bohnen mit Knoblauch 71

Kapitel 7: Vorspeisen 72

Speck Makkaroni und Käse 72

Gefüllte Portabella-Pilze mit Blauschimmelkäse nach italienischer Art 74

Knoblauch-Toast 75

Kapitel 8: Beilagen & Salate 76

Ananas im Speckmantel 76

Baba Ganoush 77

Cowboy-Kaviar 78

Alligator-Ei s 79

Gegrillte Zitronen-Knoblauch-Zucchini 80

Gebratene Tomaten und Parmesan 81

Gegrilltes Kraut mit Champagner-Vinaigrette 82

Kapitel 9: Nachspeisen 83

S'mores Ina Zuckertüte 83

Schokoladenkeks Erdnussbuttertasse S'Mores 84

Apfel-Pizza 85

Gegrillte Ananas-Eisbecher 86

Gegrillter Kokosnuss-Rum-French-Toast 87

Frischer Pfirsich Crisp 88

Bananenboote 89

Gegrillte Pflaumen mit Honig und Ricotta 90

Ananas-Upside-Down-Torte 91

Kapitel 10: Pizza und Burger **93**

Italienische Schinken-Pizza 93

Pizza mit Büffelhuhn 94

Klassische Pizza für Fleischliebhaber 95

Hähnchen-Speck-Artischocken-Pizza 96

Basis-Pizza-Sauce 97

Knoblauch-Muschel-Pizza 98

Prosciutto-Käse-Dogs 99

Jalapeno und Cherry Cola glasierte Schinkensteaks 100

Quesadilla-Burger 101

Frühstücks-Burger 102

Klassischer amerikanischer Burger 103

Hähnchen-Keema-Burger 104

Der Kronjuwelen-Burger 105

Der beste Truthahn-Burger aller Zeiten 106

Oahu-Burger 107

"Das Meisterstück" 108

Schinken-Käse-Panini 109

Kapitel 11: Rubs, Marinaden und Saucen **110**

Klassischer amerikanischer Brown Sugar Rub 110

Englischer Pub Rub 111

Berbere Gewürzmischung 112

Asiatischer Rub 113

Adobo-Rub 114

Habanero-Rub 115

Chile-Rub 116

Carne Asada-Rub 117

Country Style Rub 118

Mediterraner Gewürz-Rub 119

Kapitel 12: Spiel **120**

Hirschrückenfilets 120

Hasenrücken mit Pastinaken, Kraut und Apfel 121

Wildschwein-Rippchen nach asiatischer Art 123

Fazit **124**

Einführung

Wenn Sie ein EGG-Kopfsind, der das höchste Potenzial Ihres Big Green Egg testen möchte, ist dieses Kochbuch auch für Sie! Dieses Kochbuch enthält viele Kochtipps. Es ist nicht nur mit 100 Rezepten gefüllt, sondern auch mit besten Praktiken, Geheimnissen und EGG-Expertenratschlägen, wie man das Big Green Egg verwendet. Es hat detaillierte Anleitungen mit köstlichen Bildern, die Sie befähigen werden, sofort mit dem Grillen zu beginnen.

Das inoffizielle Big Green Egg Kochbuch bringt die Möglichkeiten des Kochens, Backens, Grillens, Schmorens und Räucherns Ihrer Lieblingsrezepte zum Vorschein. Von köstlichen Vorspeisen über leckere Hammelspieße, Mais und Gemüse bis hin zu Steak. Möchten Sie etwas für Ihre vegetarischen Freunde kochen? Wollen Sie das saftigste Pulled Pork vorführen, das Sie je probiert haben? Wir haben alles, was den Sternekoch in Ihnen zum Vorschein bringen wird.

Mit diesem Kochbuch müssen Sie sich keine Gedanken mehr darüber machen, was Sie kochen sollen, wenn Sie Überraschungsgäste haben. Schlagen Sie einfach das Kochbuch auf und wählen Sie alle spannenden Rezepte aus, die Sie präsentieren möchten.

Kapitel 1: Rindfleisch

Steak-Handpasteten

Kochzeit: 30 Minuten
Portionen: 8

Zutaten:

- New York Strip Steaks (2-lbs,0.9-kgs)
- Butter
- Salz und frisch gemahlener schwarzer Pfeffer
- 1 mittelgroße Karotte, gewürfelt
- 1 gelbe Zwiebel, geschält und gewürfelt
- 1 mittelgroße Kartoffel, geschält und gewürfelt
- Wasser, aufgeteilt -3/4 Tasse
- Worcestershire-Sauce 3 Esslöffel
- Allzweckmehl -1 Esslöffel
- Frische Petersilie, gehackt -1/4 Tasse
- 1 mittelgroßes Ei, verquirlt
- Olivenöl -2 Esslöffel
- 1 Kuchenteig
- Tomatenketchup -1/2 Tasse
- Barbecue-Rub nach Wahl -1 Esslöffel
- Worcestershire-Sauce -1 Esslöffel

Methode:

1. Geben Sie ein Stück Butter in die heiße Pfanne und lassen Sie es schmelzen.
2. Würzen Sie die Streifensteaks, bevor Sie sie in die heiße Pfanne geben und auf beiden Seiten leicht anbraten. Aus der Pfanne nehmen und beiseite stellen.
3. Geben Sie die Karotte zusammen mit den Zwiebeln und den Kartoffeln in die Pfanne und braten Sie sie 5 Minuten lang.
4. Gießen Sie 1/4 Tasse Wasser und dann die Worcestershire-Sauce in die Pfanne und rühren Sie um, während Sie alle gebräunten Stücke vom Boden der Pfanne abkratzen. Bringen Sie die Mischung zum Köcheln.
5. In der Zwischenzeit schneiden Sie das Steak in Würfel.
6. Rühren Sie das Mehl unter die Veggie-Mischung, bis es sich vollständig verbunden hat.
7. Fügen Sie die Fleischwürfel zusammen mit der restlichen 1/2 Tasse Wasser hinzu.
8. Die gehackte Petersilie unterrühren und 2-3 Minuten weiterkochen.
9. Schalten Sie die Hitze aus und stellen Sie sie zum Abkühlen beiseite.

10. Rollen Sie den Tortenboden aus und stechen Sie mit einem runden Teigausstecher acht kreisförmige Formen aus (15 cm).
11. Verteilen Sie die Fleischmischung gleichmäßig auf die Teigkreise, löffeln Sie sie in die Mitte des Teigs und falten Sie den Teig zu Halbmonden.
12. Kräuseln Sie die Teigränder, um sie zu verschließen, und bestreichen Sie die Oberfläche mit leicht geschlagenem Ei.
13. Machen Sie mit einem scharfen Messer ein paar kleine Schlitze in die Oberseite jedes Kuchens, damit der Dampf entweichen kann.
14. Backen Sie die Kuchen in einem auf 190 °C (370 °F) eingestellten Ofen, bis sie goldgelb sind. Lassen Sie sie vor dem Servieren einige Minuten ruhen.
15. Für die Sauce: Kombinieren Sie in einer Schüssel den Ketchup mit dem Barbecue-Rub und der Worcestershire-Sauce und rühren Sie um.
16. Servieren Sie die Sauce zusammen mit den Handpasteten.

Rindfleisch-Spieße

Kochzeit: 24 Stunden 20 Minuten
Portionen: 4-5

Zutaten:

- Rinderlende, gewürfelt(2-lbs,0.9-kgs)
- Olivenöl -1/2 Tasse
- Weißer Essig -1 Esslöffel
- Kreuzkümmel -1 Teelöffel
- Koriander -1/2 Teelöffel
- Paprika -1/2 Teelöffel
- Knoblauch, geschält und gehackt
- Antihaft-Kochspray
- Fladenbrot, zum Servieren

Methode:

1. Bereiten Sie einen Tag vor dem Grillen die Marinade vor. Vermengen Sie in einer Schüssel das Öl mit dem Essig, Kreuzkümmel, Koriander, Paprika und Knoblauch.
2. Geben Sie die Marinade in einen Ziplock-Beutel und fügen Sie die Rindfleischwürfel hinzu. Über Nacht in den Kühlschrank stellen.
3. Wenn Sie zum Grillen bereit sind, nehmen Sie sie aus dem Kühlschrank und fädeln sie auf Spieße. Sie müssen die Spieße vor dem Auffädeln mit Antihaft-Speiseöl besprühen.
4. Grillen Sie das Fleisch 5-7 Minuten auf jeder Seite, bis es den gewünschten Gargrad erreicht hat.
5. Mit Fladenbrot servieren.
6. Viel Spaß!

Ribeye Steaks

Kochzeit: 20 Minuten
Portionen: 2

Zutaten:

- 2 Ribeye-Steaks
- Sojasauce
- Worcestershire-Sauce
- Steak-Rub, nach Wahl
- Butter, geschmolzen -6 Esslöffel
- 1 Knoblauchzehe, geschält, gehackt
- Frischer Thymian -1 Teelöffel
- 1 Zwiebel, geschält, in feine Scheiben geschnitten

Methode:

1. Würzen Sie die Steaks mit einem Spritzer Soja- und Worcestershire-Sauce.
2. Verteilen Sie den Steak-Rub über die Steaks und reiben Sie ihn über und in das Fleisch. Lassen Sie es ruhen, während Sie das EGG vorheizen.
3. Vermengen Sie in einer Schüssel die Butter mit dem Knoblauch und dem Thymian.
4. Legen Sie die Steaks direkt auf den Grill. Schließen Sie den Deckel des EGG'S und garen Sie sie ein paar Minuten lang.
5. Öffnen Sie das EGG etwa 1 Zoll weit, damit etwas Wärme entweichen kann. Anschließend ganz öffnen. Drehen Sie die Steaks um. Setzen Sie den Deckel wieder auf und garen Sie weitere 2 Minuten.
6. Öffnen Sie das EGG noch einmal ca. 2 cm breit. Anschließend ganz weit öffnen und die Steaks noch einmal wenden.
7. Löffeln Sie die Buttermischung über die Steaks.
8. Schließen Sie den EGG-Deckel, zusammen mit der unteren Entlüftung und setzen Sie schließlich den Dämpferaufsatz auf.
9. Für mittlere bis blutige Steaks halten Sie den Deckel für einige Minuten geschlossen. Für gut durchgebratene Steaks halten Sie den Deckel alternativ für 5 - 6 Minuten geschlossen.
10. Die Steaks herausnehmen, zum Ruhen beiseite stellen und in Scheiben schneiden.

Beladener Burger

Kochzeit: 2 Stunden 15 Minuten
Portionen: 8

Zutaten:

- Rinderhackfleisch (2-lb, 0.9-kgs)
- Worcestershire-Sauce -1 Esslöffel
- Rindfleischgewürz, nach Wahl -2 Esslöffel
- 8 Burgerbrötchen, geteilt
- 8 Scheiben Cheddar-Käse
- Kopfsalat, geraspelt, zum Servieren
- Tomate, in Scheiben geschnitten, zum Servieren
- Rote Zwiebel, geschält und in Scheiben geschnitten, zum Servieren

Methode:

1. Vermengen Sie in einer Schüssel das Rinderhackfleisch mit der Worcestershire-Sauce und dem Rindfleischgewürz. Formen Sie die Mischung mit sauberen Händen zu 8 Hamburger-Patties.
2. Legen Sie die Patties auf Alufolie und räuchern Sie sie für 2 Stunden.
3. Nehmen Sie die Burger vom Grill und legen Sie sie auf die untere Hälfte der Brötchen.
4. Mit einer Scheibe Käse, geraspeltem Kopfsalat, Tomatenscheiben und rohen roten Zwiebelringen belegen.

Bolognese

Kochzeit: 1½ Stunden
Portionen: 6

Zutaten:

- 2 Pfund Rinderhackfleisch
- 4 Unzen Speck, gewürfelt
- 1 Tasse Milch
- 2 Knoblauchzehen
- 1 Stange Staudensellerie
- 1 Karotte
- 1 kleine Zwiebel
- 2 Tassen Hühnerbrühe
- 1 Tasse Rotwein
- 1/4 Tasse Tomatenmark
- 1 Teelöffel italienisches Gewürz

Methode:

1. Kombinieren Sie Sellerie, Karotte, Zwiebel und Knoblauch in der Schüssel einer Küchenmaschine und pulsieren Sie, bis sie fein gehackt sind.
2. Heizen Sie das EGG auf 300°F vor.
3. Legen Sie den Speck in einen kalten Dutch Oven und erhitzen Sie ihn auf dem Herd bei mittlerer Hitze.
4. Braten Sie den Speck, bis er knusprig ist und das Fett ausgelassen wird.
5. Entfernen Sie alle bis auf 2 Esslöffel des Fetts.
6. Rinderhackfleisch zugeben und anbraten.
7. Gehacktes Gemüse hinzufügen und 5 Minuten kochen.
8. Tomatenmark hinzufügen und weitere 2 Minuten kochen.
9. Milch hinzufügen und umrühren. Die Flüssigkeit verdampfen lassen, bis die Milchfeststoffe zurückbleiben.
10. Wein, Hühnerbrühe und italienische Gewürze hinzufügen.
11. Decken Sie den niederländischen Ofen ab und stellen Sie ihn in den EGG. Lassen Sie die Sauce 1 Stunde lang kochen, bevor Sie sie über Nudeln servieren.

Sloppy Joes

Kochzeit: 30-40 Minuten

Portionen: 8

Zutaten:

- 1 Pfund Rinderhackfleisch
- 1/4 Tasse Zwiebel, fein gehackt
- 1/4 Tasse Paprika, fein gehackt
- 1 Knoblauchzehe, fein gehackt
- 1/2 Tasse Tomatensauce
- 1/4 Tasse Ketchup
- 2 Esslöffel brauner Zucker
- 1 Esslöffel brauner Senf
- Salz & Pfeffer

Methode:

1. Heizen Sie das EGG auf 400°F vor, wobei der Dutch Oven auf dem Rost steht.
2. Geben Sie alle Zutaten in den Dutch Oven und rühren Sie um.
3. Decken Sie den Dutch Oven zu und lassen Sie die Kuppel für 30-40 Minuten herunter, oder bis das Rindfleisch durchgegart ist.
4. Auf Hamburgerbrötchen servieren.

Rindfleisch Bourguignonne

Kochzeit: 1 Stunden 15 Minuten
Portionen: 6

Zutaten:

- 2½ Pfund Rinderhackbraten, in 1 Zoll große Würfel geschnitten
- 1 lb Karotten, in 1-Zoll-Stücke geschnitten
- 1 lb frische Champignons, in dicke Scheiben geschnitten
- 8 Unzen Speck, gewürfelt
- 1 Teelöffel frischer Thymian
- 2 Knoblauchzehen, gehackt
- 1 Zwiebel, in Scheiben geschnitten
- 2 Tassen Rinderbrühe
- 1/2 Tasse Sherry
- 1/4 Tasse Mehl
- 2 Esslöffel Olivenöl
- 1 Esslöffel Tomatenmark
- 1 Flasche trockener Rotwein
- Salz & Pfeffer

Methode:

1. Heizen Sie das EGG auf 450°F vor.
2. Legen Sie den Speck in einen kalten Dutch Oven und stellen Sie ihn bei geschlossener Kuppel für 10 Minuten auf den Rost oder bis der Speck knusprig ist.
3. Lassen Sie den Speck auf Papiertüchern abtropfen.
4. Tupfen Sie die Rinderbratenstücke mit Papiertüchern trocken und würzen Sie sie mit Salz und Pfeffer.
5. Im heißen Speckfett den Rinderbraten portionsweise anbraten und jeden angebratenen Rücken beiseite stellen.
6. Gießen Sie das gesamte Fett bis auf 2 Esslöffel aus dem Dutch Oven ab, aber behalten Sie es.
7. Champignons hinzufügen und 5 Minuten lang nicht bewegen, bis sie anfangen, braun zu werden. Herausnehmen und beiseite stellen.
8. Geben Sie 2 Esslöffel Olivenöl zusammen mit 2 Esslöffeln des reservierten Fetts, den Karotten und den geschnittenen Zwiebeln in den Dutch Oven. Kochen Sie, bis sie anfangen, weich zu werden, etwa 5 Minuten.
9. Tomatenmark hinzufügen und 1 Minute weiter kochen.
10. Mehl in den Topf geben und 2 Minuten kochen.

11. Fügen Sie das Rindfleisch, den Speck und die Pilze wieder hinzu und gießen Sie Rotwein und Rinderbrühe auf.
12. Thymian hinzufügen und mit Salz und Pfeffer würzen.
13. Decken Sie den Dutch Oven ab, reduzieren Sie die Hitze im EGG auf 250°F und lassen Sie die Kuppel für 1 Stunde herunter.
14. Servieren Sie das Beef Bourguignon mit knusprigem Brot.

Gegrillte Baby Back Rib Hoagie-Rollen

Kochzeit: 18 Stunden 10 Minuten
Portionen: 4

Zutaten:

- 3-4 Racks Baby Back Ribs, Membranen entfernt
- Meersalz
- Frisch gemahlener schwarzer Pfeffer
- Barbecue-Sauce, nach Wahl -1 Tasse
- 4 Hoagie-Brötchen, geteilt
- 1 großes Glas Gewürzgurken, in Scheiben geschnitten
- 1 Zwiebel, geschält, in feine Scheiben geschnitten

Methode:

1. Würzen Sie die Baby Back Ribs großzügig mit Meersalz und schwarzem Pfeffer.
2. Legen Sie die Rippchen direkt auf den Grill, mit der Fleischseite zu Ihnen, und grillen Sie sie 2 Stunden lang. Drehen Sie die Rippchen um und grillen Sie sie 1 Stunde lang.
3. Vom Grill nehmen und umdrehen, sodass sie mit der Knochenseite nach oben auf einem Schneidebrett liegen.
4. Schneiden Sie mit einem scharfen Küchenmesser in die Mitte jedes Knochens und entfernen Sie die Knochen vorsichtig mit sauberen Fingern.
5. Drehen Sie die Baby-Back-Ribs um und bestreichen Sie sie mit etwa der Hälfte der Barbecue-Sauce.
6. Legen Sie die Rippchen wieder auf den Grill und grillen Sie sie 5 bis 10 Minuten lang; so kann sich die Sauce setzen.
7. Vom Grill nehmen und beiseite stellen.
8. Schneiden Sie als Nächstes die Rippchen, so dass sie die gleiche Länge wie die Hoagie-Rollen haben.
9. Teilen Sie die Brötchen und legen Sie die Rippchen auf die untere Hälfte des Hoagie.
10. Mit geschnittenen Dillgurken, Zwiebeln und einem Löffel Barbecue-Sauce belegen.
11. Fügen Sie die Oberseite des Hoagie-Rolls hinzu, um ein Hoagie zu formen.
12. Viel Spaß!

Kapitel 2: Schweinefleisch

Schweinefleischspieße mit brauner Rosinenbutter und gerösteten Erdnüssen

Kochzeit: 45 Minuten
Portionen: 4-8

Zutaten:

- 8 ganze Schweinekoteletts, gewürfelt (2-lbs, 0,9-kgs pro Stück)
- Meersalz -2 Teelöffel
- Olivenöl -2 Esslöffel
- Ungesalzene Butter -1/2 Tasse
- Natives Olivenöl extra -1/2 Tasse
- 4 Knoblauchzehen, geschält, in dünne Scheiben geschnitten
- Meersalz
- Geriebene Zitronenschale -2 Teelöffel
- Frisch gepresster Zitronensaft -2 Esslöffel
- Johannisbeeren -2 Esslöffel
- Kapern -2 Esslöffel
- Geröstete Pinienkerne -2/3 Tasse
- Petersilie, gehackt, zum Garnieren

Methode:

1. Kombinieren Sie in einer Schüssel das Schweinefleisch mit dem Meersalz und stellen Sie es über Nacht in den Kühlschrank.
2. Nehmen Sie das Schweinefleisch ca. 1 Stunde vor Garbeginn aus dem Kühlschrank.
3. Schwenken Sie das Schweinefleisch mit dem Olivenöl.
4. Fädeln Sie gleiche Mengen des gewürfelten Schweinefleischs auf die vorbereiteten Spieße.
5. Für die Buttersauce: Erhitzen Sie die Butter in einer großen Pfanne bei mittlerer Hitze, bis sie zu bräunen beginnt und einen nussigen Duft verströmt, etwa 4-5 Minuten lang.
6. Fügen Sie das Olivenöl hinzu, gefolgt von dem Knoblauch und einer Prise Meersalz und kochen Sie 60 Sekunden lang.

7. Rühren Sie die Zitronenschale zusammen mit dem frisch gepressten Zitronensaft, den Johannisbeeren und den Kapern ein und kochen Sie ein paar Minuten, bis die Sauce zu reduzieren beginnt.
8. Die Pinienkerne unterheben und beiseite stellen, während das Schweinefleisch gart.
9. Legen Sie die Schweinefleischspieße bei starker Hitze direkt auf den Grill und grillen Sie sie von beiden Seiten 1 Minute lang, bis sie angebraten sind.
10. Drehen Sie die Hitze auf 148°C (300°F) herunter und grillen Sie 8-10 Minuten weiter, bis das Fleisch durchgegart ist.
11. Legen Sie die Fleischspieße zum Ruhen für 5 Minuten beiseite.
12. Die Buttersauce über das Schweinefleisch träufeln, mit Petersilie garnieren und mit Reis oder Couscous servieren.

Chili-Rubbed Pork Koteletts

Kochzeit: 2 Stunden 15 Minuten
Portionen: 4

Zutaten:

- 4 entbeinte, hautlose Schweinekoteletts, 1/2 Zoll (1,54 cm) dick
- 3 Jalapeno-Paprika, entkernt und fein gehackt
- Sesamöl -2 Esslöffel
- Sojasauce -2 Esslöffel
- Zucker -1/8 Teelöffel
- 2 Knoblauchzehen, geschält, zerdrückt
- Gemahlener Kreuzkümmel -1 Esslöffel
- Rote Pfefferflocken -1 Teelöffel
- Frisch gepresster Limettensaft - 1/2 Tasse
- Salz -1/2 Teelöffel
- Frisch gemahlener schwarzer Pfeffer - 1/4 Teelöffel

Methode:

1. Für den Rub: Verrühren Sie in einer Schüssel die Jalapeno mit dem Sesamöl, der Sojasauce und dem Zucker.
2. Tragen Sie Einweg-Küchenhandschuhe und reiben Sie die Mischung über die Schweinekoteletts.
3. Legen Sie die Koteletts in einer einzigen Schicht in eine flache Schale.
4. Rühren Sie die Zutaten für die Marinade (Knoblauch, Kreuzkümmel, rote Paprikaflocken, Limettensaft, Salz und Pfeffer) in einer Tasse zusammen.
5. Gießen Sie die Marinade über die Schweinekoteletts und stellen Sie sie für 20-30 Minuten beiseite.
6. Nehmen Sie das Schweinefleisch aus der Marinade und entsorgen Sie die überschüssige Marinade.
7. Grillen Sie die Koteletts, drehen Sie sie einmal um und garen Sie sie bis zum mittleren Gargrad. Dies dauert zwischen 3 und 4 Minuten auf jeder Seite, oder bis ein Fleischthermometer 63 °C (145 °F) anzeigt.
8. Vor dem Servieren ein paar Minuten ruhen lassen.

Schweinefleisch-Frikadellen

Kochzeit: 2 Stunden 5 Minuten
Portionen: 8

Zutaten:

- Gehacktes Schweinefleisch (1-lbs, 0.45-kgs)
- 2 Süßkartoffeln
- 1 großformatiges Ei
- Parmesankäse, geraspelt -3/4 Tasse
- Gewürztes Paniermehl -1/3 Tasse
- Frische Petersilie, gehackt -1/4 Tasse
- Getrockneter Salbei, gerieben -1 Esslöffel
- Rote Pfefferflocken -2 Teelöffel
- Salz, geteilt -1½ Teelöffel
- Pflanzenöl, aufgeteilt -1/4 Tasse
- Halb und halb -1½ Tassen
- Milch -3 4 Tasse
- Butter -4 Esslöffel
- 1/2 süße Zwiebel, geschält, gewürfelt
- 3 Knoblauchzehen, geschält, gehackt
- Mehl -1 Esslöffel
- Schwarzer Pfeffer -3/4 Teelöffel
- Gemahlene Muskatnuss -1/8 Teelöffel

Methode:

1. Backen Sie die Süßkartoffeln auf einem Backgitter 50-60 Minuten, bis sie gabelzart sind.
2. In der Zwischenzeit in einer Schüssel das Schweinefleisch mit dem Ei, 1/2 Tasse Parmesankäse, Semmelbröseln, Petersilie, Salbei, Pfefferflocken und 1/2 Teelöffel Salz vermengen.
3. Formen Sie die Mischung mit sauberen Händen zu golfballgroßen Fleischbällchen. Ordnen Sie die Frikadellen auf einer Platte an.
4. Erhitzen Sie in einer gusseisernen Grillpfanne 2 Esslöffel Öl. Geben Sie die Fleischbällchen in einer einzigen Schicht hinein und braten Sie sie 10-12 Minuten lang, bis sie von allen Seiten gebräunt sind.
5. Übertragen Sie die Fleischbällchen auf eine mit Küchenpapier ausgelegte Platte. Abdecken, warm halten und beiseite stellen.
6. Schöpfen Sie das Kartoffelfleisch aus den Süßkartoffeln und geben Sie es in eine Küchenmaschine und verarbeiten Sie es auf Puls, 2-3 Mal.

7. Fügen Sie nach und nach die Hälfte und die Milch hinzu und verarbeiten Sie die Mischung, bis sie seidenweich ist. Beiseite stellen.
8. Wischen Sie die Eisengrillplatte mit Küchenpapier aus und stellen Sie sie wieder auf das EGG bei 350°F (177°C). Geben Sie die Butter zusammen mit 2 Esslöffeln Öl auf die Grillplatte und erwärmen Sie sie.
9. Fügen Sie die Zwiebel zusammen mit dem Knoblauch hinzu und lassen Sie sie ca. 5 Minuten lang kochen, bis die Zwiebel gabelzart ist.
10. Fügen Sie das Mehl hinzu und kochen Sie 60 Sekunden lang.
11. Fügen Sie die Süßkartoffelmischung zusammen mit dem schwarzen Pfeffer, der Muskatnuss und 1 Teelöffel Salz hinzu und kochen Sie 3-4 Minuten, bis sie durcherhitzt und eingedickt ist. Wenn die Sauce zu dick wird, müssen Sie eventuell zusätzliche Milch hinzufügen.
12. Zum Schluss unter Rühren 1/4 Tasse Käse hinzufügen und kochen, bis er gleichmäßig erhitzt ist.
13. Mit Petersilie garnieren und genießen.

Schweineflügel im Speckmantel

Kochzeit: 2 Stunden 5 Minuten
Portionen: 12

Zutaten:

- 4 Schweinekoteletts, 1 -ins (2,54 cm)
- 12 Scheiben Speck, mittelgroß, in Scheiben geschnitten
- Barbecue-Rub, im Laden gekauft
- Barbecue-Sauce, im Laden gekauft

Methode:

1. Schneiden Sie die Koteletts in drei Streifen.
2. Wickeln Sie die Flügel ein, indem Sie den Speck an einem Ende eines Schweinefleischstreifens überlappen lassen, bevor Sie ihn nach oben und rundherum wie eine Zuckerstange einwickeln.
3. Sichern Sie den Speck oben mit einem Cocktailspieß.
4. Würzen Sie die in Speck eingewickelten Flügel mit dem Rub.
5. Die Flügel direkt auf den Rost legen und 1½ Stunden garen, bis der Speck durchgegart ist.
6. Servieren Sie die Wings heiß mit BBQ-Sauce.

Kubanisches Schweinefleisch (Lechon Asado)

Kochzeit: 10-12 Stunden
Portionen: eine kleine Armee

Zutaten:

- 1(7-9 lb) Schweineschulter
- 1 Rezept Kubanischer Mojo

Methode:

1. Ritzen Sie die Haut und das Fett auf der Schweineschulter ein, indem Sie in eine Richtung und dann in die andere Richtung schneiden, um Kreuzschraffuren zu bilden.
2. Cuban Mojo über die Schweineschulter gießen, abdecken und mindestens vier Stunden, am besten über Nacht, in den Kühlschrank stellen, dabei einmal wenden.
3. Nehmen Sie das Schweinefleisch 3 0 Minuten vor dem Garen aus der Marinade.
4. Heizen Sie das EGG auf 255°F vor und legen Sie den EGG-Konvtor und das Gitter hinein.
5. Legen Sie die Schweineschulter auf den Rost und schließen Sie die Kuppel. Das EGG ist so konzipiert, dass es diese Temperatur bis zu 18 Stunden lang hält.
6. Prüfen Sie nach 10 Stunden die Innentemperatur des Schweinefleischs. Entfernen Sie den Braten, wenn er 200°F anzeigt
7. Nehmen Sie die Schweineschulter vorsichtig aus dem EGG und lassen Sie sie 3 0 Minuten ruhen, bevor Sie sie in Scheiben schneiden/ auseinanderziehen.

Spanische Schweinefiletstäbchen

Kochzeit: 15 Minuten
Portionen: 6-8

Zutaten:

- 1 Pfund Schweinslende
- 2 Teelöffel Olivenöl
- 3/4 Teelöffel geräucherter süßer Paprika (Pimenton)
- 1/2 Teelöffel Knoblauchpulver
- 1/4 Teelöffel Salz
- 1/4 Teelöffel gemahlener Kreuzkümmel
- 1 Tasse Romesco-Soße

Methode:

1. Geben Sie alle Zutaten in einen Mixer und pürieren Sie sie, bis sie glatt sind. Beiseite stellen. Die Sauce kann bis zu 3 Tage im Voraus zubereitet werden.
2. Kombinieren Sie die Rub-Zutaten.
3. Filetstücke mit Olivenöl bepinseln und großzügig mit dem Rub bestreuen. Beiseite stellen.
4. Heizen Sie das EGG auf 450°F vor.
5. Legen Sie die Filetstücke auf den Rost und schließen Sie die Kuppel für 10 Minuten.
6. Drehen Sie die Filetstücke um und garen Sie sie weitere 10 Minuten oder bis die Innentemperatur 150°F erreicht hat.
7. Aus dem EGG nehmen und 10 Minuten ruhen lassen, bevor Sie es in Scheiben schneiden und mit der Romesco-Sauce servieren.

Weihnachtsschinken mit Ingwerkeksen

Kochzeit: 1-1½ Stunden
Portionen: 15-18

Zutaten:

- 1 (8-10 Pfund) spiralförmig geschnittener Schinken
- 2 Tassen Gingersnap-Kekse, zerkleinert
- 1/4 Tasse brauner Senf

Methode:

1. Nehmen Sie den Schinken aus der Verpackung, spülen Sie ihn gründlich ab und tupfen Sie ihn trocken.
2. Legen Sie den Schinken in einen hitzebeständigen Bratentopf.
3. Bestreichen Sie die Außenseite großzügig mit Senf.
4. Drücken Sie die Gingersnap-Kekse in die Senfschicht.
5. Heizen Sie das EGG auf 350°F vor, wobei der convEGGtor® und das Gitter eingesetzt werden.
6. Legen Sie den Schinken in das EGG und schließen Sie die Kuppel für 1 bis 1½ Stunden.
7. Lassen Sie den Schinken vor dem Tranchieren und Servieren 20 Minuten ruhen.

Zedernholzplanken-Schweinefilet

Kochzeit: 15-20 Minuten
Portionen: 6-8

Zutaten:

- 2 Schweinslenden
- 1 Tasse Basic Steak Marinade (nicht nur für Steaks!)
- 2 Zedernholzbretter (achten Sie darauf, dass es sich um unbehandeltes Zedernholz handelt)

Methode:

1. Legen Sie die Schweinefilets und die Basic Steak Marinade für 30 Minuten in einen Zip-Top-Beutel.
2. Heizen Sie das EGG auf 425°F vor.
3. Legen Sie die Zedernholzbretter direkt auf den Rost und schließen Sie die Kuppel für 3 Minuten.
4. Wenden Sie die Bretter und legen Sie die Filetstücke direkt auf die erhitzten Bretter.
5. Schließen Sie die Kuppel für 10 Minuten.
6. Wenden Sie die Filetstücke einmal und schließen Sie die Kuppel für weitere 5-10 Minuten oder bis die Innentemperatur 155°F erreicht.
7. Nehmen Sie die Filetstücke heraus und lassen Sie sie vor dem Aufschneiden 5 Minuten ruhen.

Lendenbraten mit Knochen

Kochzeit: 1½ -2 Stunden
Portionen: 8

Zutaten:

- 15 - Pfund Schweinebraten mit Knochen
- 1/2 Tasse Olivenöl
- 1/3 Tasse frischer Rosmarin
- 1/3 Tasse frischer Thymian
- 2 Teelöffel Salz
- 1 Teelöffel schwarzer Pfeffer
- 6 Knoblauchzehen, gehackt
- 4 Zitronen, entsaftet und geschält

Methode:

1. Nehmen Sie die Schweinelende aus dem Kühlschrank, spülen Sie sie ab und tupfen Sie sie trocken.
2. Kombinieren Sie Olivenöl, Kräuter, Zitronensaft und -schale sowie Knoblauch in einer Küchenmaschine und verarbeiten Sie sie zu einer Paste.
3. Die Schweinelende von allen Seiten mit der Öl-Kräuter-Mischung bestreichen und 30 Minuten lang beiseite stellen.
4. Heizen Sie das EGG auf 400°F vor.
5. Legen Sie den Braten auf den Rost und schließen Sie die Kuppel für 1½ Stunden. Der Braten ist fertig, wenn ein in die Mitte des Fleisches eingeführtes Thermometer 150°F erreicht.
6. Nehmen Sie den Braten heraus und lassen Sie ihn vor dem Tranchieren 20 Minuten ruhen.

Chinesisches BBQ-Schweinefleisch

Kochzeit: 2 Tag 1 Stunden 15 Minuten
Portionen: 4

Zutaten:

- 1 Schweinebraten ohne Knochen
- Amber ale -2 Esslöffel
- Sojasauce -1/2 Tasse
- Ketchup -1/2 Tasse
- Sriracha-Sauce -1/4 Tasse
- Brauner Zucker -1/3 Tasse
- Chinesischer Reiswein -1/4 Tasse
- Knoblauchpulver -1/2 Teelöffel
- Zwiebelpulver -1/2 Teelöffel
- Frisch gemahlener schwarzer Pfeffer, zum Abschmecken
- Hoisin-Sauce -2 Esslöffel

Methode:

1. Für die Marinade: Kombinieren Sie in einem Topf bei mittlerer Hitze das Amber Ale mit der Sojasauce, dem Ketchup, Sriracha, braunem Zucker, chinesischem Reiswein, Knoblauchpulver, Zwiebelpulver, schwarzem Pfeffer und Hoisin-Sauce.
2. Unter Rühren kochen, bis sie gerade verbunden und warm sind.
3. Gießen Sie die Marinade in einen Ziplock-Beutel und geben Sie den Schweinebraten hinein, so dass er gleichmäßig bedeckt ist. Drücken Sie die Luft aus dem Beutel und verschließen Sie ihn gut.
4. Übertragen Sie sie zum Marinieren für 48 Stunden in den Kühlschrank.
5. Stellen Sie einen kleinen, mit Wasser gefüllten Behälter zusammen mit einigen Stücken Mesquite-Chips auf den Grill.
6. Nehmen Sie das Schweinefleisch aus der Marinade und schütteln Sie überschüssige Marinade ab.
7. Wenden Sie das Schweinefleisch alle 20 Minuten, während Sie es mit der restlichen Sauce begießen, bis das Fleisch mit einem Innenthermometer 63°C (145°F) misst.

Prime Rib Braten

Kochzeit: 4 ½ -5 Stunden
Portionen: 8-10

Zutaten:

- 1 14-Pfund-Rippenbraten
- 1/4 Tasse English Pub Rub

Methode:

1. Nehmen Sie den Braten aus dem Kühlschrank und lassen Sie ihn ca. 30 Minuten auf Zimmertemperatur kommen.
2. Trocknen Sie den Braten mit Papiertüchern ab und würzen Sie ihn großzügig mit English Pub Rub.
3. Heizen Sie das EGG auf 425°F vor.
4. Legen Sie den Braten direkt auf den Rost und schließen Sie die Kuppel.
5. Garen Sie 20 Minuten pro Pfund, oder bis die Innentemperatur 130°F (für Medium) erreicht.
6. Entfernen Sie das EGG auf 450°F und lassen Sie den Braten vor dem Tranchieren 30 Minuten ruhen.

Pastrami nach New Yorker Art

Kochzeit: 8-10 Stunden
Portionen: 8-10

Zutaten:

- 1 (12-lb) ganze Rinderbrust
- 1/4 Tasse Pökelsalz
- 3 Esslöffel Knoblauch, granuliert
- 2 Esslöffel Beizgewürz
- 2 Esslöffel gemahlener Koriander
- 1 Tasse Wasser
- 3 Esslöffel schwarzer Pfeffer, grob gemahlen
- 1 Esslöffel Koriandersamen, geröstet und gemahlen
- 1 Teelöffel Knoblauch, granuliert

Methode:

1. Waschen Sie das Bruststück und tupfen Sie es trocken.
2. Schneiden Sie das Fett gleichmäßig über die Oberfläche der Rinderbrust, so dass ein Zentimeter Fett auf dem Fleisch verbleibt.
3. Mischen Sie alle Zutaten für die Kur in einer Schüssel. Bestreichen Sie die Rinderbrust vollständig mit der Kur.
4. Legen Sie die gepökelte Rinderbrust in einen wiederverschließbaren 2-Gallonen-Beutel. Stellen Sie es 4 Tage lang in den Kühlschrank und wenden Sie das Bruststück 1-2 Mal pro Tag.
5. Nehmen Sie die Brisket nach 4 Tagen aus dem Beutel. Waschen Sie sie gut und tupfen Sie sie trocken.
6. Mischen Sie in einer Rührschüssel alle Zutaten für den Rub zusammen.
7. Bestreichen Sie die Rinderbrust gleichmäßig mit dem Rub.
8. Lassen Sie ihn vor dem Räuchern 30 Minuten lang bei Raumtemperatur stehen.
9. Heizen Sie das EGG auf 250°F vor. Geben Sie 2 Tassen eingeweichte Holzspäne in die angezündete Naturholzkohle. (Wir mögen Kirsche oder Hickory.)
10. Legen Sie die Rinderbrust mit der Fettseite nach oben direkt auf den Rost.
11. Räuchern Sie das Fleisch 4-5 Stunden lang, oder bis die Innentemperatur 165°F erreicht hat.
12. Nehmen Sie die Rinderbrust aus dem Smoker.

13. Wickeln Sie die Rinderbrust fest in Aluminiumfolie ein und geben Sie 1/4 Tasse Wasser in den Beutel, bevor Sie die Folie verschließen.
14. Legen Sie das Pastrami zurück auf den Rost und garen Sie es, bis die Innentemperatur 190°F erreicht hat.
15. Am besten lassen Sie das Pastrami 20-30 Minuten ruhen, bevor Sie es in Scheiben schneiden.

Perfekt geräuchertes Brisket nach Texas-Art

Garzeit: 8-10 Stunden (1 Stunde pro lb.)
Portionen: 8-10

Zutaten:

- 1 (8-10 lb) Rinderbrust
- 1 Tasse Basis-Barbecue-Rub

Methode:

1. Legen Sie die Rinderbrust mit der Fettseite nach oben in eine Aluminiumpfanne.
2. Großzügig mit Basic Barbecue Rub bestreuen.
3. Decken Sie die Aluminiumpfanne ab und stellen Sie sie für mindestens 6 Stunden oder über Nacht in den Kühlschrank.
4. Lassen Sie die Rinderbrust 30 Minuten lang in der Aluminiumpfanne auf Raumtemperatur kommen.
5. Heizen Sie das EGG auf 250°F vor und geben Sie 2 Tassen eingeweichte Holzspäne zu den erhitzten Kohlen.
6. Legen Sie das Brisket direkt auf den Rost. Schließen Sie die Kuppel.
7. Prüfen Sie die Innentemperatur der Rinderbrust nach 8 Stunden. Nehmen Sie die Rinderbrust aus dem Smoker, wenn die Innentemperatur 190°F erreicht hat.
8. Lassen Sie das Fleisch vor dem Tranchieren 15-20 Minuten ruhen.

Rouladen

Kochzeit: 30-45 Minuten
Portionen: 6

Zutaten:

- 1 (1½-2lb) Flankensteak
- 1/2 Tasse gehackte Zwiebel
- 1/3 Tasse gehackte Dillgurke
- 1/4 Tasse deutscher Senf
- 1/2 Teelöffel Salz
- 1/4 Teelöffel Pfeffer
- 6 Streifen Speck, getrennt

Methode:

1. Braten Sie in einer mittelgroßen Pfanne 3 Streifen Speck knusprig an. Aus der Pfanne nehmen.
2. Entfernen Sie alle bis auf 2 Esslöffel des Speckfetts und kochen Sie die Zwiebel bei mittlerer Hitze oder bis die Zwiebel durchscheinend ist. Stellen Sie sie zum Abkühlen beiseite.
3. Klopfen Sie das Flankensteak in ein 8 mal 10 Zoll großes Rechteck.
4. Bestreichen Sie das Fleisch mit dem Senf.
5. Das Fleisch mit der Zwiebel, der Dillgurke und dem zerbröselten gekochten Speck belegen.
6. Rollen Sie das Fleisch der Länge nach um die Füllung.
7. Den Braten mit dem restlichen rohen Speck umwickeln und mit Metallspießen sichern.
8. Erhitzen Sie das EGG auf 425°F. Den Braten auf den Rost legen und 30-45 Minuten garen oder bis die Innentemperatur 130°F erreicht.
9. Lassen Sie die Rouladen vor dem Tranchieren 20 Minuten ruhen.

Feiertags-Lendenbraten

Kochzeit: 2-3 Stunden
Portionen: 6-8

Zutaten:

- 1(5-8 lb) Lendenbraten
- 1/4 Tasse Dijon-Senf
- 2 Esslöffel frischer Rosmarin, gehackt
- 1/2 Teelöffel Salz
- 1/4 Teelöffel Pfeffer
- 3 Knoblauchzehen, gehackt

Methode:

1. Bringen Sie den Braten vor dem Garen 30 Minuten lang auf Raumtemperatur.
2. Den Braten mit Salz und Pfeffer bestreuen.
3. Großzügig mit Dijon bestreichen und Rosmarin und Knoblauch in den Senf drücken.
4. Erhitzen Sie das EGG auf 325°F.
5. Legen Sie den Braten direkt auf den Rost und schließen Sie die Kuppel für 2½ bis 3 Stunden oder bis die Innentemperatur 130°F erreicht.
6. Nehmen Sie das EGG auf ein Brett und lassen Sie es vor dem Tranchieren 20 Minuten ruhen.

Kapitel 3: Lamm

Lammkarree mit pikantem Tzatziki

Kochzeit: 1 Stunden 20 Minuten
Portionen: 4-6

Zutaten:

- 2 Lammkarrees, gebraten
- Frisch gepresster Saft von 2 Zitronen
- Zitronenschale von 2 Zitronen
- Paprika -2 Teelöffel
- Frische Minze, gehackt -1 Esslöffel
- Olivenöl -3 Esslöffel
- Salz -1 Teelöffel
- Schwarzer Pfeffer -1 Teelöffel
- Harissa -1 Tasse
- Griechischer Joghurt -1 Tasse

Methode:

1. Vermengen Sie zunächst in einer Schüssel den Zitronensaft mit der Schale, Paprika, Minze, Olivenöl, Salz und schwarzem Pfeffer. Beiseite stellen, bis er benötigt wird.
2. Legen Sie die Lammkarrees ca. 60 Minuten vor dem Grillen in eine Auflaufform. Geben Sie die Marinade in die Schüssel und massieren Sie sie über die Lammkarrees. Mit Küchentemperatur abdecken und 60 Minuten lang bei Raumtemperatur marinieren.
3. Das marinierte Lammfleisch mit der Knochenseite nach unten direkt auf den heißen Rost legen und bei direkter Hitze 5 -7 Minuten grillen, bis es gebräunt ist.
4. Drehen Sie das Fleisch um, mit der Fleischseite nach unten, und garen Sie es 15-20 Minuten bei indirekter Hitze, bis das Fleisch eine Temperatur von 54°C (130°F) erreicht hat.
5. Nehmen Sie das Lamm aus dem EGG und lassen Sie das Fleisch einige Minuten ruhen, bevor Sie es in Koteletts schneiden.
6. Bereiten Sie in der Zwischenzeit den Dip zu. Verrühren Sie in einer kleinen Schüssel das Harissa mit dem Joghurt, um es zu kombinieren.
7. Servieren Sie die Koteletts mit dem Dip.

Gegrillte Lammkoteletts

Kochzeit: 30 Minuten
Portionen: 2

Zutaten:

- 6 Lammkoteletts, 3/4-Zoll (1,8 cm) dick, geputzt
- Frisch gepresster Saft von 1 Zitrone
- 3 Knoblauchzehen, geschält, gehackt
- Rosmarinblätter
- Thymianblätter
- Meersalz
- Frisch gemahlener schwarzer Pfeffer
- Olivenöl

Methode:

1. Geben Sie zunächst den Zitronensaft in eine große Schüssel.
2. Geben Sie den Knoblauch in die Schüssel.
3. Zerkleinern Sie die Rosmarin- und Thymianblätter in einem Mörser und Stößel.
4. Geben Sie die gemahlenen Kräuter zusammen mit einer Prise Salz und einer Prise schwarzem Pfeffer zu der Zitrone und dem Knoblauch in die große Schüssel.
5. Beträufeln Sie die Koteletts mit dem Öl, geben Sie sie in die große Schüssel und schwenken Sie sie, um sie gleichmäßig zu verbinden.
6. Geben Sie die Koteletts in einen Ziplock-Beutel und legen Sie sie zum Marinieren über Nacht in den Kühlschrank.
7. Grillen Sie die Lammkoteletts 5-6 Minuten auf jeder Seite und servieren Sie sie.

Lammkeule in einer Marinade aus Rosmarin und Zitrone

Kochzeit: 1 Stunden 25 Minuten
Portionen: 10

Zutaten:

- 1 Lammkeule ohne Knochen
- 1 großer Strauß Rosmarin
- Olivenöl -1/8 Tasse
- Frisch gepresster Saft von 2 Zitronen
- Schale von 2 frischen Zitronen
- Salz -2 Teelöffel
- Schwarzer Pfeffer -1 Esslöffel

Methode:

1. Für die Marinade: Kombinieren Sie in einer Küchenmaschine den Rosmarin und das Öl mit dem Zitronensaft, der Zitronenschale, dem Salz und dem Pfeffer. Mischen, bis sie eingearbeitet ist.
2. Anschließend das Lamm mit der Marinade bedecken und eine halbe Stunde zum Marinieren in den Kühlschrank stellen.
3. Grillen Sie die Lammkeule bei indirekter Hitze 45 Minuten lang, bis sie eine Innentemperatur von 57 °C erreicht hat.
4. Bringen Sie das Lamm auf die direkte Hitze und lassen Sie es weitere 5 Minuten auf jeder Seite weitergaren.
5. Legen Sie das Fleisch mit einem mit Folie ausgelegten Ziegelstein flach auf den Grill, damit die Außenseite des Fleisches knusprig wird.
6. Sobald das Fleisch 63°C (145°F) erreicht hat, nehmen Sie die Keule vom Grill und lassen Sie sie in Folie eingewickelt 8-1o Minuten ruhen, damit sich die Fleischsäfte wieder verteilen können.
7. Schneiden Sie das Fleisch gegen die Faser und servieren Sie es.

Griechische Lamm-Burger mit würzigem Tzatziki

Kochzeit: 35 Minuten

Portionen: 4-6

Zutaten:

- Gemahlenes Lammfleisch (1-lb, 0.45-kgs)
- Rinderhackfleisch (2-lbs, 0.9-kgs)
- 1 Salatgurke
- 2 Handvoll frische Minze
- Griechischer Joghurt -1 Tasse
- Tabasco-Sauce -1½ Esslöffel
- 2 Knoblauchzehen, geschält und zerdrückt
- Gemahlener Kreuzkümmel -1/4 Teelöffel
- Salz und schwarzer Pfeffer
- Feta-Käse, zerkrümelt -1/2 Tasse
- Barbecue-Rub -1 Esslöffel
- 4 Brioche-Brötchen, geteilt

Methode:

1. Zuerst für das Tzatziki: Raspeln Sie die Gurke und lassen Sie die überschüssige Flüssigkeit abtropfen. Geben Sie die geriebene Gurke in ein Sieb und würzen Sie sie mit Salz.
2. Legen Sie einen schweren Teller auf die geriebene Gurke, um sie zu beschweren, und stellen Sie sie für eine halbe Stunde beiseite.
3. Geben Sie die Minze zusammen mit dem Joghurt und der Tabasco-Sauce, dem Knoblauch und dem Kreuzkümmel in eine Rührschüssel. Abschmecken und mit Salz und Pfeffer würzen.
4. Fügen Sie die Gurke der Mischung hinzu und stellen Sie sie zum Kühlen in den Kühlschrank, bis sie benötigt wird.
5. Für die Burger: Kombinieren Sie in einer Schüssel das Lammfleisch mit dem Rindfleisch, dem Feta und dem Barbecue-Rub. Mit sauberen Händen aus der Mischung 4 Patties formen.
6. Wenn das EGG auf Temperatur ist, legen Sie die Patties direkt auf den Grill und garen sie ein paar Minuten auf jeder Seite.
7. Schließen Sie die EGG-Entlüftungen und lassen Sie die Burger 5 Minuten lang ruhen.

8. Nehmen Sie die Burger aus dem EGG und lassen Sie sie noch ein paar Minuten ruhen.
9. Servieren Sie die Burger in den Brötchen mit einer Beilage aus hausgemachtem würzigem Tzatziki.

Gegrillte Lammkeule mit Kräuterkruste

Kochzeit: 50 Minuten

Portionen: 10

Zutaten:

- Lammkeule ohne Knochen, zurechtgeschnitten, butterflied (2,5-lbs,1-kgs)
- Lamm reiben -1 Esslöffel
- 4 Knoblauchzehen, geschält, gehackt
- Frisch gepresster Zitronensaft -2 Esslöffel
- Koriander -1/2 Tasse
- Petersilie -1/2 Tasse
- Ungesalzene Butter, erweicht -6 Esslöffel

Methode:

1. Vermengen Sie in einer Schüssel den Rub mit dem Knoblauch, dem Zitronensaft, dem Koriander, der Petersilie und der Butter.
2. Das Lammfleisch in der Kräuterbutter eintauchen
3. Die Lammkeule direkt auf den Grill legen und auf jeder Seite 5 Minuten anbraten.
4. Schließen Sie den Grilldeckel und garen Sie das Lamm 3-40 Minuten, bis es eine Innentemperatur von 54 °C erreicht hat.
5. Nehmen Sie das Lamm vom Grill und lassen Sie es einige Minuten ruhen, bevor Sie es schneiden und servieren.

Kapitel 4: Geflügel

Gegrillte Hähnchenflügel nach Südstaaten-Art

Kochzeit: 45 Minuten
Portionen: 6-8

Zutaten:

- Ganze Hähnchenflügel (6-lbs, 2.7-kgs)
- Meersalz -1 Esslöffel
- Frisch gemahlener schwarzer Pfeffer - 1 Teelöffel
- Knoblauchpulver -2 Teelöffel
- Petersilie, gehackt, zum Garnieren
- Scharfe Sauce -2/3 Tasse
- Ungesalzene Butter -3/4 Tasse
- Fließender Honig -2 Esslöffel
- Apfelessig -2 Esslöffel

Methode:

1. Für die Würzung: Mischen Sie in einer Schüssel das Salz mit dem frisch gemahlenen schwarzen Pfeffer und dem Knoblauchpulver. Fügen Sie die Hähnchenflügel der Würzmischung hinzu und schwenken Sie sie, um sie gleichmäßig zu beschichten.
2. Legen Sie die Flügel so auf den vorgeheizten Grill, dass sie sich gegenseitig berühren.
3. Die Wings ca. 20 Minuten grillen, dabei alle 5 Minuten wenden, bis der Fleischsaft klar austritt.
4. Bereiten Sie in der Zwischenzeit die Sauce zu. Vermengen Sie bei niedriger Hitze in einem Topf die scharfe Soße und die Butter mit dem Honig und dem Apfelessig, bis sie geschmolzen und durcherhitzt sind.
5. Geben Sie die gekochten Hähnchenflügel in eine Schüssel.
6. Gießen Sie die Soße über die Hähnchenflügel und schwenken Sie sie, um sie gleichmäßig zu beschichten.
7. Bringen Sie die Hähnchenflügel wieder auf den Grill und garen Sie sie ein paar Minuten auf jeder Seite.
8. Die Wings noch einmal in der vorbereiteten Sauce schwenken, mit Petersilie garnieren und genießen.

Hähnchen all'Arrabbiata

Kochzeit: 1 Stunden
Portionen: 4

Zutaten:

- 6 Beinviertel, in Keulen und Schenkel geschnitten
- 6 Knoblauchzehen, gewürfelt
- 1 kleine Poblano-Paprika, fein gewürfelt
- 1 große gelbe Paprika, gewürfelt
- 1 große Zwiebel, gewürfelt
- 1 Tasse trockener Weißwein
- 3 Esslöffel Olivenöl
- 2 Esslöffel Rotweinessig
- 1 Esslöffel Tomatenmark
- 1½ Teelöffel zerstoßene rote Chiliflocken
- 1 28-Unzen-Dose zerdrückte Tomaten
- 1 Lorbeerblatt

Methode:

1. Heizen Sie The EGG auf 500°F vor, wobei der Dutch Oven auf dem Rost steht.
2. Hähnchen von allen Seiten mit Salz und Pfeffer würzen.
3. Öl und Hähnchenteile in den Dutch Oven geben. Auf allen Seiten anbraten.
4. Nehmen Sie das Hähnchen heraus und gießen Sie bis auf 2 Esslöffel das restliche Öl ab.
5. Zwiebel, Knoblauch und zerdrückte rote Chiliflocken hinzufügen und kochen, bis sie weich werden.
6. Fügen Sie die Paprika und die Poblano-Paprika hinzu und kochen Sie sie, bis sie weich werden.
7. Rühren Sie das Tomatenmark ein und kochen Sie es 1-2 Minuten oder bis das Tomatenmark beginnt, dunkel zu werden.
8. Wein hinzufügen und 2 Minuten kochen, dabei den Boden des Dutch Oven abkratzen.
9. Fügen Sie die Tomaten, den Essig und das Huhn wieder in den Topf.
10. Abdecken, die Hitze auf 400°F reduzieren und die Kuppel für 35 Minuten schließen.
11. Entfernen Sie das Lorbeerblatt und servieren Sie.

Grünes Curry-Huhn

Kochzeit: 40 Minuten
Portionen: 4

Zutaten:

- 2 Pfund entbeinte Hähnchenbrust ohne Haut, in 1-Zoll-Würfel geschnitten
- 1 Esslöffel Knoblauch, gehackt
- 1 Esslöffel Ingwer, gerieben
- 2 Frühlingszwiebeln, gehackt
- 2 Tassen ungesüßte Kokosnussmilch
- 2 Esslöffel Rapsöl
- 2 Esslöffel Sojasauce
- 2 Esslöffel Speisestärke
- 2 Esslöffel grüne Thai-Curry-Paste
- 2 Esslöffel brauner Zucker
- 1 Esslöffel Fischsauce

Methode:

1. Heizen Sie das EGG auf 500°F vor, wobei der Dutch Oven auf dem Rost steht.
2. Hähnchenbruststücke in Sojasauce, dann in Maisstärke eintauchen.
3. Öl und Hähnchen in den erhitzten niederländischen Ofen geben und anbraten. Arbeiten Sie schubweise und achten Sie darauf, dass die Pfanne nicht überfüllt ist.
4. Fügen Sie Knoblauch, Ingwer und grüne Zwiebeln hinzu und rühren Sie, bis sie duften.
5. Fügen Sie die grüne Thai-Curry-Paste, Fischsauce, Kokosmilch und Zucker hinzu und rühren Sie sie um.
6. Senken Sie die Temperatur im EGG auf 350°F.
7. Decken Sie den Dutch Oven und die Kuppel ab und köcheln Sie 25-30 Minuten lang.
8. Auf Jasminreis mit Limettenspalten und ganzen Korianderblättern servieren.

Rotisserie-Huhn

Kochzeit: 1-1½ Stunden
Portionen: 6

Zutaten:

- 1 (4-5 lb) ganzes Huhn, Saumagen und Innereien entfernt
- 2 Quarts warmes Wasser
- 1/4 Tasse koscheres Salz
- 1/4 Tasse brauner Zucker
- 2 Esslöffel ganze Pfefferkörner
- 1 Zitrone, halbiert
- 2 Pfund kleine festkochende Kartoffeln, halbiert (wir mögen Yukon Golds)
- 1 Pfund Karotten, in 2-Zoll-Stücke geschnitten
- 1/4 Tasse Butter, erweicht
- 1 Zwiebel, in Spalten geschnitten
- 2 Zweige frischer Thymian
- 4 ganze Knoblauchzehen

Methode:

1. Kombinieren Sie die Solezutaten, bis sich das Salz und der Zucker auflösen, und fügen Sie genügend Eis hinzu, um die Sole auf Raumtemperatur zu bringen.
2. Tauchen Sie das Huhn in die Salzlake ein und lassen Sie es mindestens 2 Stunden und bis zu über Nacht im Kühlschrank abkühlen.
3. Nehmen Sie das Huhn aus der Salzlake und tupfen Sie es trocken.
4. Geben Sie das Gemüse auf den Boden eines kalten Dutch Oven und legen Sie das Hähnchen mit der Brustseite nach oben darauf.
5. Heben Sie die Haut vorsichtig vom Fleisch ab und reiben Sie die Butter unter die Haut.
6. Heizen Sie das EGG auf 425°F vor.
7. Decken Sie den Dutch Oven ab und stellen Sie ihn auf das EGG. Senken Sie die Kuppel für 1-1½ Stunden oder bis die Innentemperatur der fleischigsten Stelle des Schenkels 160°F registriert
8. Nehmen Sie den Dutch Oven aus dem EGG und lassen Sie ihn weitere 10 Minuten stehen, bevor Sie den Deckel abnehmen.
9. Nehmen Sie das Huhn heraus, legen Sie das Gemüse auf eine Platte oder in eine Schüssel. Tranchieren Sie das Huhn und servieren Sie es.

~47~

Huhn Cacciatore

Kochzeit: 40 Minuten
Portionen: 4-6

Zutaten:

- 4 Pfund Hähnchenschenkel, mit Knochen und Haut
- 1/4 Tasse frisch gehacktes Basilikum
- 3 Knoblauchzehen, gehackt
- 1 Paprika, in Scheiben geschnitten
- 1 Zwiebel, in Scheiben geschnitten
- 3/4 Tassen trockener Weißwein
- 3/4 Tassen Hühnerbrühe
- 1/2 Tasse Mehl
- 3 Esslöffel Olivenöl
- 3 Esslöffel Kapern
- 1½ Teelöffel getrockneter Oregano
- 1 (28 Unzen) Dose gewürfelte Tomaten mit Saft
- Salz und Pfeffer

Methode:

1. Heizen Sie das EGG auf 500°F vor, wobei der Dutch Oven auf dem Rost steht.
2. Würzen Sie jedes Hähnchenteil mit Salz und Pfeffer und bestäuben Sie es leicht mit Mehl.
3. Geben Sie Olivenöl in den niederländischen Ofen und braten Sie die Hähnchenteile von allen Seiten an. Arbeiten Sie in Chargen und stellen Sie das Hähnchen beiseite.
4. Das Fett im Dutch Oven bis auf 2 Esslöffel abgießen und Zwiebel, Knoblauch und Paprika hinzufügen und weich kochen.
5. Geben Sie das Hähnchen zurück in den Topf und fügen Sie Wein und Hühnerbrühe hinzu, wobei Sie den Boden des Dutch Oven abkratzen.
6. Tomaten, Oregano und Kapern hinzufügen, umrühren und abdecken
7. Reduzieren Sie die Hitze im EGG auf 400°F und lassen Sie die Kuppel für 35 Minuten herunter.
8. Mit frischem Basilikum garnieren und servieren.

Geschmorte Hähnchenschenkel mit Champignons

Kochzeit: 1 Stunden
Portionen: 4

Zutaten:

- 2 Pfund Hähnchenschenkel, mit Knochen und Haut
- 1 lb Champignons, in dünne Scheiben geschnitten
- 1 Tasse fein gehackte Zwiebel
- 1 Esslöffel Butter
- 1 Esslöffel frischer Thymian, gehackt
- 1/2 Tasse Weißwein
- 1/2 Tasse Hühnerbrühe
- 1/4 Tasse Mehl
- 2 Esslöffel Olivenöl
- Salz und Pfeffer

Methode:

1. Bestreuen Sie jeden Hähnchenschenkel leicht mit Mehl und würzen Sie ihn mit Salz und Pfeffer.
2. Heizen Sie das EGG auf 500°F vor.
3. Stellen Sie den Dutch Oven direkt auf den Rost und lassen Sie den Topf 5-7 Minuten lang heiß werden.
4. Geben Sie Olivenöl in die Pfanne und fügen Sie die Hähnchenschenkel hinzu, wobei Sie darauf achten, dass die Pfanne nicht überfüllt ist.
5. Braten Sie die Hähnchenschenkel schubweise an, bis sie auf allen Seiten goldbraun sind. Aus dem Dutch Oven nehmen und beiseite stellen.
6. Geben Sie die Butter und die Pilze in die Pfanne, aber rühren Sie 2-3 Minuten lang nicht, oder bis die Pilze anfangen, braun zu werden.
7. Zwiebeln hinzufügen und kochen, bis sie weich werden.
8. Geben Sie das Huhn zurück in den Topf und fügen Sie Wein, Huhn, Brühe und Thymian hinzu.
9. Decken Sie den Dutch Oven ab, reduzieren Sie die Hitze von The EGG auf 350°F und schließen Sie die Kuppel.
10. Lassen Sie das Huhn 30-40 Minuten kochen oder bis die Innentemperatur 170°F erreicht hat.

Grünes Chile-Huhn-Chili

Kochzeit: 45 Minuten -1 Stunde
Portionen: 8

Zutaten:

- 2 Pfund gemahlenes Huhn
- 1 Tasse gehackte Zwiebel
- 1 Esslöffel Knoblauch, gehackt
- 1 Liter Hühnerbrühe
- 2 Esslöffel Olivenöl
- 1 Esslöffel gemahlener Kreuzkümmel
- 1 Esslöffel getrockneter Oregano
- 4 Dosen (14,5 Unzen) Great Northern Beans, abgetropft und abgespült
- 2 Dosen (4 Unzen) gehackte grüne Chilis
- Salz & Pfeffer

Methode:

1. Heizen Sie The EGG auf 500°F vor, wobei der Dutch Oven auf dem Rost steht.
2. Öl, Zwiebel und Knoblauch in den Topf geben und weich kochen.
3. Gehacktes Hähnchenfleisch hinzufügen, mit Salz und Pfeffer abschmecken und braten, bis es braun ist.
4. Kreuzkümmel und Oregano hinzufügen und 1 Minute lang kochen.
5. Hühnerbrühe und grüne Chilis hinzufügen.
6. Reduzieren Sie die Hitze im EGG auf 350°F
7. Decken Sie den Dutch Oven zu und lassen Sie die Kuppel für 40-50 Minuten herunter. Heiß mit geriebenem Käse und Limettenspalten servieren.

Glasiertes und gegrilltes süßes asiatisches Huhn

Kochzeit: 35 Minuten
Portionen: 4

Zutaten:

- 3 große Hähnchenbrüste, in mundgerechte Stücke geschnitten
- Sojasauce -1 Esslöffel
- Brauner Zucker -1/4 Tasse
- 1 Brühwürfel
- Frischer Ingwer, geschält und fein gehackt -1/2 Teelöffel
- Wasser -1/4 Tasse
- Brokkoli, in mundgerechte Stücke geschnitten -2 Tassen
- 1 rote Paprika, in 2,5 cm große Stücke geschnitten
- 1 mittelgroße rote Zwiebel, geschält, in 1-ins (2,5-cm) geschnitten
- 1 gelbe Paprikaschote, in i-ins (2,5-cm) geschnitten
- Reis oder Nudeln, gekocht, zum Servieren

Methode:

1. Vermengen Sie in einer Rührschüssel die Sojasauce mit dem braunen Zucker, dem Brühwürfel, dem Ingwer und dem Wasser.
2. Kombinieren Sie in einer hitzebeständigen Grillpfanne das Hähnchen mit dem Brokkoli, der roten Paprika, der roten Zwiebel und der gelben Paprika.
3. Setzen Sie die Pfanne auf das EGG.
4. 12-15 Minuten kochen, bis der Hühnerfleischsaft klar ist und das Gemüse bissfest ist.
5. Mit Nudeln oder Reis servieren, und genießen.

Huhn Tacos

Kochzeit: 35 Minuten
Portionen: 8

Zutaten:

- Entbeinte, hautlose Hähnchenschenkel (3-lbs, 1.36-kgs)
- Salz und frisch gemahlener schwarzer Pfeffer, zum Würzen
- Kreuzkümmelsamen, geröstet -2 Teelöffel
- 1 rote Zwiebel, geschält und gewürfelt
- 2 Dosen gehackte feuergeröstete Tomaten (je 14,5 Unzen, 0,4 kg)
- 8 Tortillas, erwärmt
- Saure Sahne, zum Servieren

Methode:

1. Würzen Sie die Hähnchenschenkel mit Salz und frisch gemahlenem schwarzen Pfeffer.
2. Legen Sie die Hähnchenschenkel mit der glatten Seite nach unten auf den heißen Grill, bis sich leichte Grillspuren zeigen. Drehen Sie das Hähnchen um und garen Sie es weitere 5 Minuten, bis sich leichte Grillspuren zeigen.
3. Fahren Sie mit dem Grillen fort, während Sie das Huhn alle 2-3 Minuten umdrehen, etwa 10-15 Minuten lang, bis das Huhn mit einem Fleischthermometer eine Innentemperatur von 74°C (165°F) erreicht.
4. Rösten Sie die Kreuzkümmelsamen in einer Pfanne bei mittlerer bis hoher Hitze.
5. Geben Sie die Zwiebeln in die Pfanne und braten Sie sie an, bis sie gerade glasig sind.
6. Geben Sie die Dosentomaten in die Pfanne, gefolgt von den gegrillten Hähnchenschenkeln, und kochen Sie, bis die Flüssigkeit reduziert ist.
7. Servieren Sie die gegrillten Hähnchenschenkel und die Tomaten und Zwiebeln neben warmen Tortillas.
8. Mit saurer Sahne servieren.

Truthahn-Speck-Dogs

Kochzeit: 20 Minuten
Portionen: 8

Zutaten:

- 1 Paket Putenwürstchen in Brötchengröße (1 Pfund, 0,45 kg)
- 8 Scheiben Truthahnspeck.
- 8 Hot-Dog-Brötchen
- 2/3 Tasse Monterey Jack-Käse, zerkleinert
- Salsa, auf Vorrat gekauft
- Jalapeno-Pfeffer-Scheiben, zum Servieren
- Saure Sahne, zum Servieren

Methode:

1. Umwickeln Sie jedes Putenfranko mit einer Scheibe Putenspeck.
2. Grillen Sie die Würstchen unter häufigem Wenden, bis der Speck knusprig ist.
3. Legen Sie die Würstchen in die Brötchen und bestreuen Sie sie mit geriebenem Käse.
4. Mit Salsa, Jalapeno-Pfeffer und einem Klecks saurer Sahne servieren.

Truthahn-Burger auf mexikanische Art

Kochzeit: 30 Minuten
Portionen: 4

Zutaten:

- 1 Putenbrust (1-lb,0.45-kgs)
- Salsa, im Laden gekauft -1/3 Tasse
- Grüne Zwiebeln, gehackt -1/4 Tasse
- Getrocknete Oregano-Blätter -1 Teelöffel
- Gemahlener Kreuzkümmel -1/2 Teelöffel
- Salz -1/4 Teelöffel
- 4 Kopfsalatblätter, gewaschen, getrocknet
- 4 Burgerbrötchen, geteilt
- 4 Scheiben Tomate
- 1 reife Avocado, geschält, entkernt und püriert
- Fettreduzierte saure Sahne -1 Esslöffel
- Frischer Koriander, gehackt -1 Esslöffel
- Frisch gepresster Limettensaft -1 Esslöffel

Methode:

1. Vermengen Sie den Truthahn in einer Schüssel mit Salsa, Frühlingszwiebeln, Oregano, Kreuzkümmel und Salz und formen Sie mit sauberen Händen 4 gleich große Patties.
2. Legen Sie die Patties auf den vorgeheizten Rost und grillen Sie sie, bis sie durchgebraten sind, das dauert zwischen 4-5 Seiten auf jeder Seite. Sie müssen sie einmal umdrehen.
3. Vermengen Sie in der Zwischenzeit in einer zweiten Schüssel die Avocado mit der sauren Sahne, dem Koriander und dem frischen Limettensaft. Würzen und beiseite stellen.
4. Legen Sie zum Zusammensetzen ein Blatt Salat auf die Unterseite jedes Burgerbrötchens. Legen Sie eine Scheibe Tomate und eine Portion Avocadomischung darauf.

Truthahn-Schafskäsekuchen

Kochzeit: 55 Minuten
Portionen: 4-6

Zutaten:

- Pute, gekocht -2 Tassen
- Butter -2 Esslöffel
- Gelbe Zwiebel, gehackt -1/2 Tasse
- Sellerie, gehackt -1/3 Tasse
- Karotten, gehackt -1/3 Tasse
- 1 Knoblauchzehe, geschält und gehackt
- Grüne Bohnen -1/2 Tasse
- Salz -1/2 Teelöffel
- Frisch gemahlener schwarzer Pfeffer - 1/2 Teelöffel
- Getrockneter Thymian -1/2 Teelöffel
- Getrocknetes Basilikum -1/2 Teelöffel
- Soße - 1 Tasse
- Kartoffelpüree, vorbereitet -2 Tassen
- Cheddar-Käse, geraspelt und aufgeteilt (4 Unzen, 113 Gramm)
- Mozzarella-Käse, zerkleinert -1 Tasse

Methode:

1. Schmelzen Sie die Butter in einer gusseisernen Bratpfanne oder Pfanne.
2. Die Zwiebel zusammen mit dem Sellerie und den Karotten hinzufügen und unter gelegentlichem Rühren kochen, bis die Zwiebel glasig ist.
3. Fügen Sie den Knoblauch hinzu und kochen Sie ihn 60 Sekunden lang.
4. Als Nächstes fügen Sie den Truthahn hinzu, gefolgt von den grünen Bohnen, Salz, Pfeffer, Thymian, Basilikum und Bratensaft, und kochen Sie, bis er ausreichend durcherhitzt ist.
5. Erhitzen Sie das Püree, bis es warm ist.
6. Fügen Sie die Hälfte des geschredderten Cheddar hinzu und rühren Sie um, um ihn einzuarbeiten.
7. Verteilen Sie das Käsemus gleichmäßig über die Putenfüllung in der Pfanne.
8. Streuen Sie den restlichen geraspelten Käse darüber und stellen Sie die Pfanne wieder in den EGG , und backen Sie sie eine halbe Stunde lang.
9. Warm servieren.

Kapitel 5: Fisch

Zackenbarsch mit Tomate-Basilikum-Soße

Kochzeit: 1 Stunden 45 Minuten
Portionen: 2

Zutaten:

- 2 Zackenbarsch-Fischfilets
- Frisch gepresster Zitronensaft -1 Esslöffel
- Frischer Rosmarin, gehackt -1½ Teelöffel
- Olivenöl -1½ Teelöffel
- Salz -1/4 Teelöffel
- Eine Prise schwarzer Pfeffer
- Tomate, entkernt und gewürfelt -1/4 Tasse
- Getrocknetes Basilikum -1 Teelöffel
- Grüne Zwiebel, gehackt -1 Esslöffel
- Rotweinessig -1½ Teelöffel
- Orangenschale, gerieben -1/4 Teelöffel

Methode:

1. Vermengen Sie zunächst in einem Ziplock-Beutel den Zitronensaft mit dem Rosmarin, Öl, Salz und Pfeffer.
2. Geben Sie den Zackenbarsch in den Beutel, verschließen Sie ihn und wenden Sie ihn, um ihn gleichmäßig zu beschichten.
3. Stellen Sie den Beutel für 6 0 Minuten in den Kühlschrank.
4. Nehmen Sie den Fisch aus dem Beutel, schütteln Sie ihn ab und entsorgen Sie die überschüssige Marinade.
5. Legen Sie den Zackenbarsch auf den Grillrost und grillen Sie ihn, bis er mit einer Gabel leicht flockt.
6. Kombinieren Sie die Saucenzutaten (Tomate, Basilikum, grüne Zwiebel, Rotweinessig und geriebene Orangenschale) in einem Topf. Bei mittlerer Hitze kochen.
7. Die Sauce über den Zackenbarsch gießen und genießen.

Südlicher Wels mit hausgemachter Salsa

Kochzeit: 1 Stunden 5 Minuten
Portionen: 4

Zutaten:

- 4 Welsfilets
- 3 mittelgroße Tomaten, gewürfelt
- Zwiebel, geschält, gehackt -1/4 Tasse
- 2 Jalapeno-Schoten, entkernt und fein gewürfelt
- Weißweinessig -2 Esslöffel
- Salz, geteilt -3 Teelöffel
- Chilipulver -3 Teelöffel
- Paprika -3 Teelöffel
- Gemahlener Kreuzkümmel 1½ Teelöffel
- Gemahlener Koriander -1½ Teelöffel
- Cayennepfeffer -1 Teelöffel
- Knoblauchpulver -1/2 Teelöffel

Methode:

1. Kombinieren Sie die Tomaten in einer Schüssel mit der Zwiebel, den Jalapenos, dem Weißweinessig und 1 Teelöffel Salz. Decken Sie die Schüssel ab und stellen Sie sie für mindestens eine halbe Stunde in den Kühlschrank.
2. Vermengen Sie in einer zweiten Schüssel Chilipulver, Paprika, Kreuzkümmel, Koriander, Cayennepfeffer, Knoblauchpulver und das restliche Salz. Reiben Sie die Mischung über den Fisch.
3. Grillen Sie den Fisch auf dem Rost, bis er mit einer Gabel leicht flockig wird.
4. Servieren Sie den Fisch mit der Salsa und genießen Sie ihn.

Gegrillter Thunfisch mit Chili-Orangen-Marinade

Kochzeit: 40 Minuten
Portionen: 4

Zutaten:

- 4 mittelgroße Thunfischsteaks
- Schale und frisch gepresster Saft von 1 Orange
- 2 Knoblauchzehen, geschält und zerdrückt
- Gemahlener Kreuzkümmel -1/2 Teelöffel
- 1 rote Chili, entkernt und gerieben
- Prise Meersalz
- Koriander, frisch gehackt, zum Servieren -1 Esslöffel
- 1 Orange, in Spalten geschnitten
- Zuckerschoten, zum Servieren, optional
- Reis, zum Servieren, optional

Methode:

1. So bereiten Sie die Marinade zu: Kombinieren Sie in einer Schüssel die Orangenschale mit dem frisch gepressten Orangensaft, Knoblauch und gemahlenem Kreuzkümmel, gefolgt von der Chili und einer Prise Meersalz. Mischen Sie gründlich, um sie zu kombinieren.
2. Tupfen Sie die Marinade vorsichtig auf die Thunfischsteaks und stellen Sie sie für 30 Minuten zum Marinieren beiseite.
3. Legen Sie die Thunfischsteaks auf den Grill und grillen Sie sie 1-2 Minuten auf jeder Seite. Während des Grillens mit Salz würzen.
4. Mit Koriander und Orangen garnieren und mit Zuckerschoten und Reis servieren.

Pikante Jakobsmuscheln In Kokosmilch

Kochzeit: 35 Minuten

Portionen: 4

Zutaten:

- 12-16 große Jakobsmuscheln, vorbereitet
- Fenchelsamen -1 Teelöffel
- Gelbe oder schwarze Senfkörner -1/2 Teelöffel
- Kardamomsamen -1/4 Teelöffel
- 4 Knoblauchzehen, geschält, fein gehackt
- 2 getrocknete rote Cayenne-Chilis mit Samen, entstielt, grob gehackt
- Meersalz -1 Teelöffel
- Rapsöl -2 Esslöffel
- Ungesüßte Kokosnussmilch -1/2 Tasse
- Korianderblätter mit Stielen, gehackt -1 Esslöffel

Methode:

1. Für die Gewürzmischung: Geben Sie den Fenchel und den Senf zusammen mit den Kardamomsamen in eine Kaffee- oder Gewürzmühle und mahlen Sie sie zu einer feinen, pfefferähnlichen Konsistenz. Geben Sie die Gewürzmischung in eine Schüssel.
2. Fügen Sie der Gewürzmischung die Jakobsmuscheln, den Knoblauch, die Chilis und das Meersalz hinzu und rühren Sie sie um. Die Jakobsmuscheln müssen gleichmäßig und gründlich mit der Mischung bedeckt sein.
3. Decken Sie die Schüssel ab und stellen Sie die Jakobsmuscheln bis zur Verwendung in den Kühlschrank.
4. Zum Garen der Jakobsmuscheln: Erhitzen Sie das Öl in einer Pfanne, bis es schimmert.
5. Geben Sie die Jakobsmuscheln in einer einzigen Schicht zusammen mit dem Rub in die Pfanne.
6. Braten Sie die Jakobsmuscheln 2-3 Minuten auf jeder Seite an, oder bis sie leicht rötlich braun sind.
7. Die Kokosmilch einrühren und gleichzeitig die gebräunten Stücke vom Boden der Pfanne abkratzen, um abzulöschen, und 2 Minuten lang kochen, bis die Jakobsmuscheln fest sind.

8. Servieren und genießen.

Pinot Grigio Wein große Austern

Kochzeit: 35 Minuten
Portionen: 4

Zutaten:

- 12 große Austern, geschält
- Rote Zwiebeln, geschält, gehackt -1/2 Tasse
- Butter -1/4 Tasse
- Pinot Grigio Wein -1/2 Tasse
- 4 Knoblauchzehen, geschält
- Spinat, grob gehackt -2½ Tassen
- Schwere Sahne -2 Esslöffel
- Muschelsaft -2 Esslöffel
- Mozzarella-Käse -1/2 Tasse
- Speck, knusprig, fein gewürfelt -2 Esslöffel

Methode:

1. Braten Sie die Zwiebeln in einer grillsicheren Pfanne bei mäßig hoher Hitze in 2 Esslöffeln Butter an, bis sie gerade glasig sind.
2. Gießen Sie den Wein hinzu und köcheln Sie ein paar Minuten lang.
3. Fügen Sie die restliche Butter zusammen mit dem Knoblauch hinzu und kochen Sie für 60 Sekunden.
4. Fügen Sie den Spinat hinzu und kochen Sie ihn, bis er verwelkt ist.
5. Als Nächstes fügen Sie die schwere Sahne hinzu, gefolgt von dem Muschelsaft, und kochen Sie 3-4 Sekunden lang.
6. Zum Servieren: Die Austern mit der Spinatmischung belegen. Den Mozzarella-Käse dazugeben und direkt auf den Grillrost legen, bis der Käse zu blubbern beginnt, 4-5 Minuten lang.
7. Streuen Sie den Speck darüber und servieren Sie.

Folienpackung Fischfilets

Kochzeit: 12-15 Minuten
Portionen: 4

Zutaten:

- 4(je 4 oz) weiße Fischfilets
- 1/2 Tasse Weißwein
- 4 Esslöffel Butter
- 4 Stück Schwerlastfolie
- 4 Zweige frischer Thymian
- 4 grüne Zwiebeln, gedrittelt
- 1 Zucchini, in Juliennestücke geschnitten
- 1 große Karotte, in Juliennestücke geschnitten
- 1 Knoblauchzehe, gehackt

Methode:

1. Legen Sie auf den Boden jedes Folienblatts Zucchini, Karotte und Zwiebel, um ein Bett zu bilden.
2. Legen Sie je ein Fischfilet auf das Gemüsebett und belegen Sie es mit Knoblauch, Thymian, 1 EL Butter, Salz und Pfeffer nach Geschmack.
3. Raffen Sie zwei Seiten der Folie zusammen und klappen Sie sie nach unten, so dass die Folie das Gargut fast berührt.
4. Rollen Sie eine Seite der Folie auf und gießen Sie dann 2 Esslöffel Weißwein hinein. Schließen Sie die restliche Seite. Wiederholen Sie
5. Heizen Sie das EGG mit eingesetztem convEGG tor® auf 375°F vor.
6. Legen Sie die Folienpakete auf den Rost und schließen Sie die Kuppel für 12-15 Minuten oder bis der Fisch durchgebraten ist.

Zedernholzplanke Lachs

Kochzeit: 25-30 Minuten
Portionen: 4

Zutaten:

- 4 (je 4-6 oz) Lachsfilets
- 2 Zedernholzbretter, 3 0 Minuten in Wasser eingeweicht
- 1/2 Teelöffel Salz
- 1/4 Teelöffel schwarzer Pfeffer
- 1/2 Tasse Himbeerkonfitüre
- 2 Esslöffel Balsamico-Essig
- 1 Jalapeno, gewürfelt
- 1 Knoblauchzehe, gehackt

Methode:

1. Lachs auf beiden Seiten mit Salz und Pfeffer würzen.
2. Heizen Sie das EGG auf 350°F vor.
3. Legen Sie die Pläne auf das Gitter und schließen Sie die Kuppel für 3 Minuten.
4. Drehen Sie die Bretter um und legen Sie den Lachs auf die beheizte Seite. Schließen Sie die Kuppel für 20 Minuten.
5. In der Zwischenzeit Konserven, Essig, Jalapeño und Knoblauch in einem kleinen Soßentopf vermengen und bei niedriger Temperatur 10 Minuten lang erhitzen, dabei gelegentlich umrühren.
6. Den Lachs mit der Sauce bestreichen und die Kuppel für weitere 5 Minuten schließen.
7. Mit zusätzlicher Sauce servieren.

Griechischer Wolfsbarsch

Kochzeit: 12-15 Minuten
Portionen: 4

Zutaten:

- 2 ganze Wolfsbarsche (je ca. 1 Pfund), gesäubert und ausgenommen
- 1/4 Tasse Olivenöl
- 2 Esslöffel Zitronensaft
- 2 Esslöffel Kapern
- 2 Esslöffel Petersilie, gehackt
- 1 Teelöffel frischer Oregano, gehackt
- 1/2 Teelöffel Salz
- 1/4 Teelöffel getrocknete Chiliflocken
- 4 Zehen Knoblauch
- 1 Zitrone, in dünne Scheiben geschnitten

Methode:

1. Kräuter, Zitronensaft, Kapern, Olivenöl, Salz und Chiliflocken miteinander verquirlen. Beiseite stellen.
2. Würzen Sie den Wolfsbarsch in der Innenhöhle mit Salz und Pfeffer und legen Sie Zitronenscheiben hinein.
3. Heizen Sie das EGG auf 400°F vor
4. Legen Sie den ganzen Fisch auf den Rost und schließen Sie die Kuppel für 6 Minuten.
5. Drehen Sie den Fisch vorsichtig um und setzen Sie die Kuppel für weitere 6-8 Minuten auf, oder bis der Fisch durchgebraten ist.
6. Nehmen Sie den Wolfsbarsch heraus und beträufeln Sie ihn mit der Kräuter-Zitronen-Mischung. Servieren Sie mehr auf der Seite für das Dressing, wenn der Fisch gegessen wird.

Gegrillte ganze Forelle

Kochzeit: 15-20 Minuten
Portionen: 2

Zutaten:

- 2 ganze Forellen (je ca. 1 lb), gesäubert und ausgenommen
- 2 Esslöffel Olivenöl
- 1/2 Teelöffel Salz
- 1/4 Teelöffel Pfeffer
- 4 Knoblauchzehen, zerdrückt
- 1/2 geschnittene Zitrone
- 1/2 Bund frische Petersilie

Methode:

1. Pinseln Sie die Innenseite der Höhle und die Außenseite des Fisches mit Olivenöl ein und würzen Sie mit Salz und Pfeffer.
2. Füllen Sie Zitrone, Knoblauch und Petersilie in die Höhlung jedes Fisches.
3. Heizen Sie das EGG auf 400°F vor.
4. Legen Sie den Fisch direkt auf den Rost und schließen Sie die Kuppel für 10 Minuten.
5. Drehen Sie den Fisch vorsichtig um und schließen Sie die Kuppel für weitere 5-10 Minuten oder bis der Fisch durchgebraten ist.

Zitronenbett Kabeljau

Kochzeit: 15 Minuten

Portionen: 6

Zutaten:

- 6 Kabeljaufilets
- 3 Zitronen, in 1/4 Zoll dicke Scheiben geschnitten
- 1 Zwiebel, in dünne Scheiben geschnitten
- Salz & Pfeffer nach Geschmack

Methode:

1. Legen Sie die Zitronenscheiben direkt auf das Gitter, so dass sie schuppenförmig übereinander liegen.
2. Legen Sie die Zwiebelscheiben oben auf die Zitrone.
3. Heizen Sie das EGG auf 400°F vor.
4. Würzen Sie die Kabeljaufilets von beiden Seiten mit Salz und Pfeffer und legen Sie sie auf die Zwiebel- und Zitronenbetten.
5. Schließen Sie die Kuppel für 12-15 Minuten, damit die Zitronen den Fisch dämpfen können.
6. Entfernen Sie die Fische auf ihren Zitronenbetten, wenn der Fisch undurchsichtig ist. Servieren.

Gegrillter Tilapia "Ceviche"

Kochzeit: 5-6 Minuten
Portionen: 4

Zutaten:

- 1 lb Tilapia-Filets
- 1/4 Tasse gehackte frische Petersilie
- 1/4 Tasse gehackter frischer Koriander
- 1/4 Tasse frisch gepresster Limettensaft
- 2 Esslöffel Olivenöl
- 1/2 Teelöffel rote Chiliflocken
- 5 Frühlingszwiebeln, gehackt
- 2 Tomaten, gewürfelt
- 2 Stangen Staudensellerie, in Scheiben geschnitten
- 1/2 grüne Paprika, gehackt
- Salz & Pfeffer nach Geschmack

Methode:

1. Mischen Sie Limettensaft, Olivenöl, Gemüse und Kräuter in einer großen Schüssel.
2. Heizen Sie das EGG auf 400°F vor.
3. Würzen Sie beide Seiten der Tilapia mit Salz und Pfeffer und legen Sie sie auf den Rost.
4. Schließen Sie die Kuppel und kochen Sie 3 Minuten lang.
5. Drehen Sie den Fisch vorsichtig um und kochen Sie ihn weitere 2-3 Minuten oder bis er undurchsichtig ist. Beiseite stellen.
6. Zerpflücken Sie die Tilapia-Filets und rühren Sie sie vorsichtig unter die Gemüsemischung, um sie zu kombinieren.
7. Bei Zimmertemperatur oder gekühlt servieren.

Gegrillte Garnele

Kochzeit: 30 Minuten
Portionen: 4-6

Zutaten:

- Jumbo-Garnelen, geschält, entdarmt (1,5-lbs, 3,8-kgs)
- Antihaft-Kochspray
- Frische Blattpetersilie, fein gehackt - 1/4 Tasse
- Rote Zwiebel, geschält, fein gehackt - 1/4 Tasse
- Zitronenschale, gerieben - 1 Esslöffel
- Frischer Oregano, fein gehackt - 1 Esslöffel
- Knoblauch, geschält, gehackt - 1 Teelöffel
- Natives Olivenöl extra, geteilt - 2½ Esslöffel
- Fließender Honig - 1 Esslöffel
- Frisch gemahlener schwarzer Pfeffer - 1/2 Teelöffel
- Koscheres Salz - 1/4 Teelöffel

Methode:

1. Vermengen Sie in einer Schüssel die ersten 5 Zutaten (Petersilie, rote Zwiebel, Zitronenschale, Oregano und Knoblauch).
2. In einer zweiten, größeren Schüssel vermengen Sie die Garnelen mit 1 Esslöffel Öl, Honig, Pfeffer und Salz und schwenken sie vorsichtig, um sie gleichmäßig zu überziehen.
3. Legen Sie die Garnelen auf den Grillrost und grillen Sie sie ein paar Minuten auf jeder Seite, bis sie ausreichend durchgegart sind. Entfernen Sie die Garnele.
4. Rühren Sie das restliche Öl zusammen mit dem Essig unter die Kräutermischung.
5. Wenden Sie die Garnelen in der Mischung, um sie gleichmäßig zu beschichten.
6. Servieren und genießen.

Kapitel 6: Gemüse

Mexikanischer Cobb-Salat

Kochzeit: 1 Stunden 55 Minuten
Portionen: 2-4

Zutaten:

- 2 Ähren frischer Mais, Seide und Schalen entfernt
- 2 große Jalapeno-Paprikaschoten
- 1 rote Paprika, entstielt, entkernt und geviertelt
- 1 mittelgroße rote Zwiebel, geschält, in 1,27 cm dicke Scheiben geschnitten
- Frisch gepresster Limettensaft, zum Abschmecken
- Meersalz, zum Würzen
- 4 Tassen Römersalat, in Scheiben geschnitten -4 Tassen
- Walnüsse, geröstet, grob gehackt -1 Tasse
- Pepper Jack Käse, in kleine Würfel geschnitten -1 Tasse
- Schwarze Bohnen aus der Dose, gespült, abgetropft -1 Tasse
- Salatdressing, nach Wahl

Methode:

1. Legen Sie den Mais, die Paprika und die Zwiebel auf Ihr EGG und grillen Sie sie, bis sie von allen Seiten leicht verkohlt sind. Entfernen Sie das Gemüse vom EGG.
2. Schneiden Sie die Kerne vom Maiskolben, schneiden Sie die Jalapeno-Paprika in dünne Scheiben und die Paprika und Zwiebel in mundgerechte Streifen. Mit frischem Limettensaft beträufeln und mit Salz würzen. Zum Abkühlen beiseite stellen.
3. Häufen Sie den Salat gleichmäßig in 4 einzelne Salatschüsseln.
4. Geben Sie reihenweise die gleiche Menge an gegrilltem Gemüse, gerösteten Walnüssen, Pepper Jack-Käse und schwarzen Bohnen darauf.
5. Mit Ihrem Lieblingsdressing servieren und genießen.

Spargel auf asiatische Art

Kochzeit: 25 Minuten
Portionen: 4

Zutaten:

- 16 dicke Spargelstangen
- Natriumarme Sojasauce -1 Esslöffel
- Dunkles Sesamöl -1 Teelöffel
- 1 Knoblauchzehe, geschält, gehackt
- Sesamsamen, geröstet -2 Teelöffel
- Schwarzer Pfeffer - 1/4 Teelöffel
- Prise Meersalz

Methode:

1. Schneiden Sie zunächst die harten Enden des Spargels ab.
2. Legen Sie den Spargel auf eine saubere, ebene Fläche.
3. Fädeln Sie die Cocktailspieße waagerecht durch die Spargelstangen von jedem Ende aus, um eine Floßform zu erzeugen. Wiederholen Sie den Vorgang, bis der gesamte Spargel vorbereitet ist.
4. Vermengen Sie in einer Schüssel die Sojasauce mit dem Sesamöl und dem Knoblauch.
5. Pinseln Sie die Sojasaucenmischung über die Spargelstangen, um sie gleichmäßig zu beschichten.
6. Grillen Sie den Spargel 3 Minuten auf beiden Seiten, bis er knackig ist.
7. Mit gerösteten Sesamsamen bestreuen und mit schwarzem Pfeffer und einer Prise Meersalz würzen.

Grüne Bohnen mit Knoblauch

Kochzeit: 55 Minuten
Portionen: 8

Zutaten:

- Frische grüne Bohnen, geputzt (2-lbs,0.9-kgs)
- Olivenöl -1/2 Tasse
- Knoblauch, geschält, gehackt -2 Teelöffel
- Koscheres Salz -2 Teelöffel

Methode:

1. Kombinieren Sie in einer Schüssel die grünen Bohnen mit dem Olivenöl, dem Knoblauch und dem koscheren Salz und schwenken Sie sie gut, um sie gleichmäßig und vollständig zu bedecken. Stellen Sie die grünen Bohnen zum Marinieren für 3 o Minuten beiseite.
2. Legen Sie die grünen Bohnen in einer einzigen Schicht in eine hitzebeständige Grillpfanne.
3. Die Pfanne auf den heißen Grill stellen und unter Rühren 8-10 Minuten garen, bis die grünen Bohnen leicht verkohlt sind.
4. Aus der Pfanne nehmen und servieren.

Kapitel 7: Vorspeisen

Speck Makkaroni und Käse

Kochzeit: 25 Minuten
Portionen: 4

Zutaten:

- 12 Scheiben ungekochter Speck
- Olivenöl -1 Esslöffel
- Panko Paniermehl -1 Tasse
- Ungekochte Makkaroni -3 Tassen
- Einfacher griechischer Joghurt -1/2 Tasse
- Mayonnaise -1/4 Tasse
- Reifer Cheddar-Käse, frisch gerieben -2 Tassen
- Apfelessig -2 Esslöffel
- Scharfe Sauce -2 Teelöffel
- Dijon-Senf -1 Teelöffel
- 1 Knoblauchzehe, geschält, grob gehackt Salz -1/2 Teelöffel
- Frisch gemahlener schwarzer Pfeffer - 1/2 Teelöffel
- Cheddar Käse, gerieben

Methode:

1. Erhitzen Sie das Öl auf dem vorgeheizten Grill in einer hitzebeständigen Grillpfanne.
2. Geben Sie die Semmelbrösel in die Pfanne und rühren Sie sie 90 Sekunden lang, bis sie goldgelb sind. Kratzen Sie die Semmelbrösel in eine Schüssel und stellen Sie sie beiseite.
3. Geben Sie den Speck in die Pfanne und braten Sie ihn knusprig. Auf einem mit Küchenpapier ausgelegten Teller abtropfen lassen und zerbröseln.
4. Kochen Sie die Nudeln in einem großen Topf mit kochendem Salzwasser, bis sie bissfest sind. Abgießen und unter fließendem kaltem Wasser abspülen, um sie abzukühlen.
5. Während die Makkaroni in einem Standmixer kochen, vermengen Sie den griechischen Joghurt mit der Mayonnaise. Fügen Sie den geriebenen Cheddar hinzu, gefolgt von Essig, scharfer Soße, Dijon-Senf, Knoblauch, Salz und schwarzem Pfeffer. Verarbeiten Sie die Zutaten, bis sie eine glatte,

mayonnaiseähnliche Konsistenz haben. Rühren Sie um und kratzen Sie bei Bedarf die Seiten des Mixerbehälters ab.
6. Schwenken Sie die abgetropften Nudeln in einer großen Schüssel mit der Joghurtmischung, bis sie gleichmäßig bedeckt sind.
7. Mit Cheddar und geröstetem Paniermehl bestreut servieren.

Gefüllte Portabella-Pilze mit Blauschimmelkäse nach italienischer Art

Kochzeit: 40 Minuten
Portionen: 2

Zutaten:

- 4 große Portabella-Pilze, entstielt
- Italienisches Dressing, im Laden gekauft -3 Tassen
- Blauschimmelkäse -2 Tassen

Methode:

1. Marinieren Sie die Champignons eine halbe Stunde lang in dem gekauften italienischen Dressing.
2. Nehmen Sie die Pilze aus der Marinade und legen Sie sie mit der Kiemenseite nach unten für einige Minuten auf den Grill.
3. Drehen Sie die Champignons um. Legen Sie den Blauschimmelkäse in die Pilzköpfe und grillen Sie weitere 3 Minuten.
4. Entweder ganz oder in Spalten geschnitten mit Cocktailspießen servieren.

Knoblauch Toast

Kochzeit: 10 Minuten
Portionen: 2-4

Zutaten:

- 1 großer französischer Laib
- Knoblauch-Olivenöl -1/2 Tasse
- Meersalz, zum Würzen
- Petersilie gehackt, zum Garnieren

Methode:

1. Schneiden Sie den Laib in gleich große Portionen mit einer Dicke von etwa 2,5 cm.
2. Bestreichen Sie die Brotscheiben nur auf einer Seite mit Knoblauch-Olivenöl und Meersalz.
3. Die Scheiben auf dem EGG anordnen und rösten, für 5 Minuten.
4. Mit gehackter Petersilie garnieren.
5. Servieren und genießen.

Kapitel 8: Beilagen & Salate

Mit Speck umwickelte Ananas

Kochzeit: 10 Minuten
Portionen: 6

Zutaten:

- 1 Tasse Classic Texas Barbecue Sauce (oder Ihre Lieblingssauce)
- 1 Pfund Speck, in 4-Zoll-Streifen geschnitten
- 1 Ananas in 2-Zoll-Würfel geschnitten

Methode:

1. Umwickeln Sie jedes Ananasstück mit einem 4-Zoll-Streifen Speck und sichern Sie ihn mit einem Zahnstocher.
2. Auf den Rost eines 425°F EGG legen und die Kuppel für 8 Minuten schließen oder bis der Speck knusprig ist.
3. Jedes Ananasstück mit Barbecue-Sauce bestreichen und die Kuppel für weitere 2 Minuten schließen.
4. Warm servieren mit zusätzlicher Barbecue-Sauce zum Dippen.

Baba Ganoush

Kochzeit: 6-10 Minuten
Portionen: 8

Zutaten:

- 2 Esslöffel frische Petersilie
- 1 Aubergine, in 1/2-Zoll-Ringe geschnitten
- 1 Knoblauchzehe
- Der Saft und die Schale von 1 Zitrone
- 2 Esslöffel Olivenöl
- 2 Esslöffel Tahini
- Salz & Pfeffer

Methode:

1. Jede Auberginenscheibe von beiden Seiten mit Olivenöl bestreichen und mit Salz und Pfeffer würzen.
2. Auf ein 425°F EGG legen und die Kuppel für 3-5 Minuten schließen.
3. Drehen Sie die Eierpflanze um und schließen Sie die Kuppel für weitere 3-5 Minuten.
4. Schälen Sie die Schalen der Auberginen vom Fruchtfleisch ab und entsorgen Sie sie.
5. Kombinieren Sie in einer Küchenmaschine Aubergine, Tahini, Petersilie, Knoblauch, Zitronenschale und Zitronensaft und pürieren Sie sie, bis sie glatt sind.
6. Schmecken Sie die Würze ab und fügen Sie entsprechend Salz und Pfeffer hinzu.
7. Bei Zimmertemperatur mit Pita-Chips, Brezeln oder Rohkost servieren.

Cowboy-Kaviar

Kochzeit: 10 Minuten
Portionen: 8

Zutaten:

- 2 Ähren frische Maiskolben
- 1 große Tomate, fein gewürfelt
- 1 Paprika, fein gewürfelt
- 1 Jalapeño, sehr fein gewürfelt
- 1/4 Tasse italienisches Salatdressing aus der Flasche (oder machen Sie Ihr eigenes)
- 2 Dosen schwarze Bohnen, abgetropft und abgespült
- 1 Dose Pintobohnen, abgetropft und abgespült

Methode:

1. Legen Sie die geschälten und gesäuberten Maiskolben auf ein 425°F EGG und schließen Sie die Kuppel für 5 Minuten.
2. Wenden Sie den Mais und schließen Sie die Kuppel für weitere 5 Minuten, bevor Sie ihn herausnehmen und beiseite stellen.
3. Schneiden Sie den Mais vorsichtig vom Kolben und legen Sie ihn in eine große Schleife.
4. Fügen Sie die restlichen Zutaten hinzu und schwenken Sie sie, um sie zu kombinieren.

Alligator-Ei s

Kochzeit: 10 Minuten
Portionen: 6

Zutaten:

- 8 Unzen Frischkäse, erweicht
- 1 Tasse scharfer Cheddar-Käse
- 12 dünne Scheiben Speck
- 6 Jalapeños

Methode:

1. Schneiden Sie die Jalapeños in zwei Hälften und entfernen Sie die Kerne. Beiseite stellen.
2. Vermengen Sie in einer kleinen Schüssel Cheddar-Käse und Frischkäse, bis sie vermischt sind.
3. Füllen Sie 2 Esslöffel der Frischkäsemischung in jede Jalapeño-Hälfte.
4. Wickeln Sie jede Jalapeño-Hälfte mit einem Streifen Speck ein und sichern Sie ihn mit einem Zahnstocher.
5. Heizen Sie das EGG auf 425°F vor.
6. Legen Sie die Alligator-Eier direkt auf den Rost und schließen Sie die Kuppel für 10 Minuten oder bis der Speck knusprig ist. Sofort servieren.

Gegrillte Zitronen-Knoblauch-Zucchini

Kochzeit: 5 Minuten
Portionen: 6-8

Zutaten:

- 4 Zucchini, der Länge nach in 1/2-Zoll-Scheiben geschnitten
- 1/4 Tasse Butter, erweicht
- 2 Teelöffel Petersilie, gehackt
- 3 Knoblauchzehen, gehackt
- Die Schale und der Saft von 1 Zitrone

Methode:

1. Vermengen Sie in einer kleinen Schüssel Butter, Petersilie, Knoblauch, Zitronenschale und Zitronensaft.
2. Bestreichen Sie jede Zucchinischeibe großzügig mit der Buttermischung.
3. Legen Sie die Zucchini auf ein 500°F EGG und schließen Sie die Kuppel für 3 Minuten.
4. Wenden Sie die Zucchini und erholen Sie sich mit der Kuppel für weitere 2 Minuten.
5. Beträufeln Sie die Zucchini mit der restlichen Butter, wenn sie vom Grill kommen. Warm servieren.

Gebratene Tomaten und Parmesan

Kochzeit: 5 Minuten
Portionen: 4

Zutaten:

- 1/4 Tasse Parmesan, geraspelt
- 4 Romatomaten
- 1 Esslöffel Olivenöl
- 1 Teelöffel Rotweinessig
- Salz & Pfeffer

Methode:

1. Jede Tomate der Länge nach halbieren und mit Olivenöl bestreichen.
2. In ein 500°F EGG stellen und die Kuppel für 2 Minuten absenken.
3. Die Tomaten wenden, mit Essig, Salz und Pfeffer würzen und mit Parmesan bestreuen.
4. Senken Sie die Kuppel für weitere 2 Minuten, bis der Käse schmilzt. Warm servieren.

Gegrilltes Kraut mit Champagner-Vinaigrette

Kochzeit: 10 Minuten
Portionen: 6-8

Zutaten:

- 1 Kopf Kraut
- 2 Esslöffel Olivenöl
- Salz und Pfeffer
- 1/2 Tasse Olivenöl
- 1/4 Tasse Champagner-Essig
- 2 Esslöffel Kapern in Salzlake, abgetropft
- 1 Esslöffel Dijon-Senf
- 1 Schalotte, fein gewürfelt

Methode:

1. Schneiden Sie den Kohl in 1/2-Zoll-"Steaks" von oben nach unten.
2. Jede Seite mit Olivenöl bestreichen und mit Salz und Pfeffer würzen.
3. Auf ein 425°F EGG legen und den Deckel für 5 Minuten schließen.
4. Vermengen Sie in der Zwischenzeit in einer kleinen Schüssel Schalotte, Senf, Kapern und Essig.
5. Unter Rühren das Olivenöl einfließen lassen, bis das Dressing emulgiert.
6. Kohlsteaks wenden und auf der anderen Seite weitere 5 Minuten bei geschlossener Kuppel garen.
7. Nehmen Sie den Kohl vom Grill auf eine Platte und gießen Sie das Dressing darüber. Warm servieren.

Kapitel 9: Nachspeisen

S'mores Ina Zuckerhut

Kochzeit: 20 Minuten
Portionen: 15

Zutaten:

- 15 große Marshmallows
- 15 Quadrate aus Vollmilch- oder Zartbitterschokolade
- 15 Zuckertüten

Methode:

1. Legen Sie einen Marshmallow zusammen mit einem Quadrat Schokolade in eine Zuckertüte.
2. Ordnen Sie die Kegel auf dem Grillrost an und legen Sie den Stein auf das EGG.
3. 8-10 Minuten kochen, bis die Marshmallows
4. sind braun und klebrig, und die Schokolade beginnt zu schmelzen.
5. Genießen Sie.

Schokoladen-Chip-Keks-Erdnussbutter-Tasse S'Mores

Kochzeit: 5 Minuten
Portionen: 4

Zutaten:

- 8 Schokokekse
- 4 Erdnussbuttertassen-Bonbons
- 4 Marshmallows

Methode:

1. Legen Sie einen Keks mit der flachen Seite nach oben auf den Rost eines 225°F EGGs und legen Sie ein Erdnussbutterbonbon und ein Marshmallow darauf.
2. Schließen Sie die Kuppel für 5 Minuten oder bis der Marshmallow zu puffen beginnt.
3. Schließen Sie das S'more mit dem anderen Schokokeks und machen Sie sich bereit für den Zuckerrausch.

Apfel-Pizza

Kochzeit: 5 Minuten
Portionen: 8

Zutaten:

- 1 Pizzateig
- 1 Tasse Apfelkuchenfüllung
- 1/4 Tasse Vanillekuchenmischung
- 2 Esslöffel geschmolzene Butter
- Vamilla Eiscreme

Methode:

1. Dehnen Sie den Pizzateig zu einer 14"-Runde und legen Sie ihn auf eine Pizzaplatte.
2. Vermengen Sie in einer kleinen Schüssel die Kuchenmischung und die geschmolzene Butter, bis sie eine krümelige Textur bildet.
3. Die Apfelkuchenfüllung auf dem Pizzateig verteilen und mit der Bröselmischung bedecken.
4. Auf einem Pizzastein im 500°F EGG für 5 Minuten backen.
5. In Scheiben schneiden und mit Vanilleglasur servieren.

Gegrillte Ananas-Eisbecher

Kochzeit: 5 Minuten
Portionen: 4

Zutaten:

- 4 frische Ananasstangen
- Vanille-Eiscreme
- Karamellsoße aus dem Glas
- Geröstete Kokosnuss

Methode:

1. Ananasstangen auf ein 400°F EGG legen und die Kuppel für 2 Minuten schließen.
2. Wenden Sie die Ananas und schließen Sie die Kuppel für weitere 2 Minuten.
3. Wenden Sie die Ananas noch einmal und schließen Sie die Kuppel für eine weitere Minute.
4. Servieren Sie die Ananas mit Eiscreme, Karamellsauce und gerösteter Kokosnuss.

Gegrillte Kokosnuss und Rum French Toast

Kochzeit: 30 Minuten

Portionen: 4

Zutaten:

- 1 Challah-Laib, in 1,25 cm dicke Scheiben geschnitten
- 4 mittlere Ei s
- 2 Esslöffel Vollmilch
- Kokosnuss Rum -2 Esslöffel
- Eine Prise gemahlener Zimt
- Rapsöl
- Erdbeeren, geschält, in Scheiben geschnitten, zum Servieren
- Schlagsahne, zum Servieren

Methode:

1. Vermengen Sie in einer Schüssel das Ei s mit der Milch, dem Rum und dem Zimt.
2. In der Zwischenzeit, während das EGG erhitzt wird, die Brotscheiben in die Ei-Zimt-Mischung geben und quellen lassen.
3. Den Grillrost mit Rapsöl bestreichen, das eingeweichte Brot auf den Rost legen und 4 Minuten pro Seite grillen, bis sich Röstspuren bilden.
4. Servieren Sie den Toast mit Erdbeeren und einem Klecks Schlagsahne.

Frischer Pfirsich Crisp

Kochzeit: 5 Minuten
Portionen: 4

Zutaten:

- 2 Pfirsiche, halbiert und entkernt
- Vanille-Eiscreme
- 1 Tasse Granola guter Qualität

Methode:

1. Legen Sie die Pfirsichhälften mit der Schnittseite nach unten auf ein 400°F EGG und bedecken Sie sie für 5 Minuten mit der Kuppel.
2. Nehmen Sie die Pfirsiche heraus und legen Sie sie mit der Schnittfläche nach oben in eine Schüssel. Mit Vanilleeis und Granola belegen.

Bananenboote

Kochzeit: 10 Minuten
Portionen: 4

Zutaten:

- 4 grüne Bananen
- Schokoladenchips
- Miniatur-Marshmallows
- Erdnussbutter-Chips
- Zerstoßene Kekse

Methode:

1. Spalten Sie eine Banane der Länge nach von einem Ende zum anderen, so dass die Schale auf der gegenüberliegenden Seite intakt bleibt.
2. Mit den gewünschten Toppings belegen.
3. Wickeln Sie die Banane in strapazierfähige Aluminiumfolie ein.
4. Die Bananen auf ein 400°F EGG legen und die Kuppel für 10 Minuten schließen
5. Auspacken und mit Vanilleeis, Schlagsahne oder pur servieren

Gegrillte Pflaumen mit Honig und Ricotta

Kochzeit: 5 Minuten

Portionen: 4

Zutaten:

- 4 Pflaumen, halbiert und entkernt
- 1/2 Tasse Vollmilch-Ricotta-Käse
- 2 Esslöffel Honig
- 1/4 Teelöffel gebrochener schwarzer Pfeffer

Methode:

1. Legen Sie die Pflaumen mit der Schnittfläche nach unten auf ein 400°F EGG
2. Schließen Sie die Kuppel für 5 Minuten.
3. Servieren Sie die Pflaumen mit der aufgeschnittenen Seite nach oben, mit einem Klecks Ricotta, einem Spritzer Honig und etwas schwarzem Pfeffer.

Ananas-Upside-Down-Kuchen

Kochzeit: 30 Minuten
Portionen: 6

Zutaten:

- Hellbrauner Zucker, fest verpackt - 1/2 Tasse +1/2 Tasse
- Gezuckerte Kondensmilch in Dosen (14 Unzen, 0,4 kg)
- 7 frische Ananasscheiben, geschält und in 1/4 Zoll (0,64 cm) dicke Scheiben geschnitten
- Allzweckmehl -1½ Tassen
- Backpulver -1½ Teelöffel
- Kochsalz -1/4 Teelöffel
- Ungesalzene Butter -1 Tasse
- 3 großformatige Ei s
- 5 großformatige Eigelbe
- Vanille-Essenz -1½ Teelöffel
- Kristallzucker -1 Tasse
- 7 Maraschino-Kirschen

Methode:

1. Kombinieren Sie in einer Schüssel 1/2 Tasse braunen Zucker mit der Milch und rühren Sie, bis er eingearbeitet ist.
2. Schneiden Sie in die Mitte jeder Ananasscheibe ein Loch, das etwa den Durchmesser der Maraschino-Kirschen hat.
3. Bestreuen Sie die Ananas mit der Zucker-Milch-Mischung und legen Sie sie auf den Grillrost.
4. Schließen Sie den Deckel des EGG 'S und garen Sie es ein paar Minuten auf jeder Seite.
5. Geben Sie die gegrillte Ananas auf einen Teller und lassen Sie sie abkühlen.
6. Sieben Sie in einer zweiten Schüssel das Mehl mit dem Backpulver und dem Salz. Beiseite stellen.
7. Schmelzen Sie die Butter in einem Topf. Zum Abkühlen beiseite stellen.
8. Verquirlen Sie in einer dritten Schüssel das ganze Ei mit den Eigelben. Fügen Sie die Vanilleessenz zusammen mit dem restlichen braunen Zucker und Kristallzucker hinzu. Rühren Sie, bis alles eingearbeitet ist.
9. Fügen Sie nach und nach die Mehlmischung zum Ei hinzu, gefolgt von der geschmolzenen Butter, und mischen Sie gründlich.

10. Verteilen Sie die Ananasscheiben auf dem Boden einer gefetteten 9"-Kuchenform.
11. Legen Sie eine Kirsche in die Mitte jedes Rings.
12. Gießen Sie den Teig gleichmäßig über die Ananas und streichen Sie den Teig mit einem Spatel glatt, bis er gleichmäßig verteilt ist.
13. Stellen Sie die Pfanne auf den Garrost.
14. Schließen Sie den Deckel des EGGs und kochen Sie es 30-35 Minuten, bis es sich federnd anfühlt.
15. Nehmen Sie die Pfanne heraus und lassen Sie sie einige Minuten abkühlen.
16. Fahren Sie mit einem stumpfen Messer vorsichtig um den Innenrand der Kuchenform.
17. Stürzen Sie die Pfanne auf eine Servierplatte.
18. Servieren und genießen.

Kapitel 10: Pizza und Burger

Italienische Schinken-Pizza

Kochzeit: 15 Minuten
Portionen: 4-8

Zutaten:

- 4 Scheiben Parmaschinken
- 1 gekaufter Pizzateigboden in Familiengröße
- Pizzasauce auf Tomatenbasis, im Laden gekauft -1/2 Tasse
- 1/2 Büffelmozzarellakugel, zerrissen
- 5 Kalamata-Oliven, entkernt und in Scheiben geschnitten
- Reifer Cheddar-Käse -3 Esslöffel
- Olivenöl
- Mehl, zum Bestäuben
- 8 Basilikumblätter

Methode:

1. Formen Sie den Pizzateig und legen Sie ihn direkt auf eine Pizzaplatte.
2. Geben Sie die Pizzasauce mit einem Schöpflöffel in die Mitte des Pizzabodens und verteilen Sie sie gleichmäßig zum Rand hin, wobei Sie einen kleinen Spalt am Rand lassen.
3. Verteilen Sie den Schinken, den Mozzarella, die Oliven und den geriebenen Cheddar auf dem Boden.
4. Bestreichen Sie den unbelegten Pizzarand mit einem Tropfen Olivenöl.
5. Streuen Sie ein wenig Mehl auf den Pizzastein.
6. Mit dem Pizzaschieber die Pizza vorsichtig auf den Pizzastein legen.
7. Schließen Sie den Deckel des EGG 'S und garen Sie es 6-8 Minuten, bis der Käse geschmolzen und die Kruste golden ist.
8. Mit Basilikumblättern bestreuen, mit Olivenöl beträufeln und genießen.

Pizza mit Büffelhuhn

Zutaten:

- 1 Pizzateig
- 1/4 Tasse Franks Buffalo-Sauce
- 1 Tasse geschredderter Provolone-Käse
- 1/2 Tasse gekochtes Huhn
- 1/4 Tasse geschnittener Sellerie
- 1/4 Tasse zerkrümelter Blauschimmelkäse

Methode:

1. Dehnen Sie den Teig auf 14" und legen Sie ihn auf eine Pizzaplatte.
2. Teig mit Frank's Buffalo Sauce bestreichen.
3. Mit Provolone und gekochtem Hähnchen belegen.
4. Kochen Sie nach der gewünschten Methode.
5. Wenn die Pizza herauskommt, mit geschnittenem Sellerie und zerbröckeltem Blauschimmelkäse belegen.

Klassische Pizza für Fleischliebhaber

Zutaten:

- 1 Pizzateig
- 1/4 Tasse einfache Pizzasauce
- 1 Tasse Mozzarella-Käse
- 1/4 Tasse gekochte italienische Wurst
- 1/4 Tasse gehackter Schinken
- 12 Scheiben Peperoni
- 6 Scheiben Salami

Methode:

1. Pizzateig auf 14 " dehnen und auf eine Pizzaplatte legen.
2. Mit Sauce, Käse und Fleisch belegen.
3. Kochen Sie nach der gewünschten Methode.

Huhn-Speck-Artischocken-Pizza

Zutaten:

- 1 Pizzateig
- 2 Esslöffel Olivenöl
- 1 Knoblauchzehe, gehackt
- 1/4 Teelöffel schwarzer Pfeffer
- 1/2 Tasse geschredderter Mozzarella-Käse
- 1/2 Tasse geschredderter Provolone-Käse
- 1/2 Tasse gekochtes Huhn
- 1/4 Tasse marinierte Artischockenherzen, zerkleinert
- 2 Esslöffel zerbröckelter Speck

Methode:

1. Dehnen Sie den Teig auf 14" und legen Sie ihn auf eine Pizzaplatte.
2. Teig mit Olivenöl, Knoblauch und schwarzem Pfeffer bestreichen.
3. Mit Provolone, Mozzarella, Hähnchen, Artischockenherzen und Speck belegen.
4. Kochen Sie nach der gewünschten Methode.

Basis-Pizza-Sauce

Zutaten:

- 2 Esslöffel Olivenöl
- 1 Teelöffel Basilikum
- 1 Teelöffel Oregano
- 1 Dose (28 Unzen) zerdrückte Tomaten
- 1 kleine weiße Zwiebel, fein gewürfelt
- 1 Knoblauchzehe, gehackt

Methode:

1. Erhitzen Sie das Olivenöl in einem mittelgroßen Topf auf mittlerer Stufe.
2. Braten Sie die Zwiebel und den Knoblauch 10 Minuten lang oder bis sie glasig sind.
3. Tomaten, Basilikum und Oregano hinzufügen und 10 Minuten köcheln lassen. Zum Abkühlen beiseite stellen.
4. Kann bis zu 1 Woche im Kühlschrank aufbewahrt oder bis zu 3 Monate eingefroren werden.

Knoblauch-Muschel-Pizza

Zutaten:

- 1 Pizzateig
- 2 Esslöffel Olivenöl
- 1/4 Teelöffel getrockneter Oregano
- 3 große Knoblauchzehen, gehackt
- Salz & Pfeffer
- 2 Tassen Baby-Rucola
- 1/2 Tasse Mozzarella-Käse
- 2 Esslöffel Parmesan
- 2 Esslöffel Olivenöl
- 2 (6,5-Unzen) Dosen gehackte Venusmuscheln, Saft abgelassen und reserviert
- Der Saft von 1 Zitrone

Methode:

1. Pizzateig auf 14 " dehnen und auf eine Pizzaplatte legen.
2. Bestreichen Sie den Teig mit Olivenöl und belegen Sie ihn mit gehacktem Knoblauch, Oregano, Salz und Pfeffer.
3. Mit Käse und Muscheln belegen.
4. Kochen Sie nach der gewünschten Methode.
5. Wenn die Pizza herauskommt, mit Rucola, Zitronensaft, etwas vom reservierten Muschelsaft und Olivenöl belegen.

Prosciutto-Käse-Dogs

Kochzeit: 25 Minuten
Portionen: 6

Zutaten:

- 4 Scheiben Prosciutto
- 6 Hot Dogs
- Italienisches Gewürz, im Laden gekauft -1 Teelöffel
- 3 Stück streichfähiger Käse
- Olivenöl -2 Teelöffel
- 6 Vollkorn-Hotdog-Brötchen
- Dijon-Senf
- Tomate, gewürfelt

Methode:

1. Schneiden Sie die Hot Dogs der Länge nach in der Mitte durch. Achten Sie darauf, nicht durch die Enden oder den Boden zu schneiden.
2. Würzen Sie die Hot Dogs mit dem italienischen Gewürz und rollen Sie sie, bis sie gleichmäßig bedeckt sind.
3. Ziehen Sie jedes Stück Streichkäse vertikal in die Hälfte, so dass 6 Stücke entstehen.
4. Füllen Sie je eine Käseportion in die Hot-Dog-Schlitze.
5. Wickeln Sie eine Scheibe Prosciutto um jeden gefüllten Hot Dog, um ihn vollständig zu umschließen.
6. Pinseln Sie den Prosciutto leicht mit Öl ein.
7. Legen Sie die Hot Dogs in einer einzigen Schicht auf ein Backblech.
8. Kochen Sie 10-12 Minuten, bis der Käse vollständig geschmolzen ist und die Zutaten durcherhitzt sind.
9. Legen Sie die Hot Dogs in die Brötchen und belegen Sie sie mit einem Klecks Senf und Tomatenscheiben.

Jalapeno und Cherry Cola glasierte Schinkensteaks

Kochzeit: 40 Minuten

Portionen: 4

Zutaten:

- 4 Schinkensteaks (1-lbs,0.45-kgs)
- Kirsch-Cola, beliebige Marke -1 Tasse
- Fest verpackter brauner Zucker -1 Tasse
- 4 rote Jalapenos mit Kernen, gewürfelt
- Speisestärke -4 Esslöffel
- Grenadine -4 Esslöffel
- Olivenöl -2 Esslöffel
- Frisch gemahlener schwarzer Pfeffer

Methode:

1. Für die Marinade: In einem Topf auf dem Herd die Cola mit dem braunen Zucker und den Jalapenos vermengen und ca. 10 Minuten köcheln lassen.
2. Mischen Sie die Speisestärke mit einer Metallgabel mit der Grenadine und rühren Sie sie mit dem Schneebesen 60 Sekunden lang in die Cola-Mischung ein, bis sie eindickt.
3. Geben Sie die heiße Glasur in die Schüssel einer Küchenmaschine und verarbeiten Sie sie mit der Stahlklinge 30 Sekunden lang.
4. Übertragen Sie die Glasur in eine Schüssel und stellen Sie sie beiseite.
5. Das Schinkensteak mit dem Olivenöl bepinseln und mit frisch gemahlenem schwarzen Pfeffer würzen.
6. Legen Sie die Steaks auf den Rost. Den Deckel des EGG 'S schließen und 5 Minuten garen, die Steaks wenden und mit zusätzlicher Glasur begießen. Weitere 5 Minuten garen.
7. Die Schinkensteaks auf eine Servierplatte legen und mit der Glasur begießen.
8. Gießen Sie die restliche Glasur in eine Schale.
9. Servieren Sie die Steaks mit der Glasur.

Quesadilla-Burger

Kochzeit: 10-12 Minuten
Portionen: 4

Zutaten:

- 2 Pfund Rinderhackfleisch
- 2 Esslöffel Adobo-Rub
- 1 Tasse geschredderter Cheddar-Käse
- 4 große Mehltortillas
- Saure Sahne
- Guacamole
- Salsa

Methode:

1. Rinderhackfleisch zu vier Patties formen und beide Seiten mit Adobo Rub würzen.
2. Servieren Sie jeden Burger mit saurer Sahne, Guacamole und Salsa.
3. Heizen Sie das EGG auf 500°F vor.
4. Burger auf den Rost legen und die Kuppel für 3 Minuten schließen.
5. Burger wenden und die Kuppel für weitere 2 Minuten schließen.
6. Schließen Sie alle Lüftungsschlitze und lassen Sie die Burger 5 Minuten lang ruhen.
7. Burger herausnehmen und Mehltortillas auf den Rost legen.
8. Jede Tortilla mit geriebenem Käse belegen und die Kuppel 1 Minute lang schließen, bis der Käse schmilzt.
9. Legen Sie einen Hamburger in die Mitte jeder Tortilla und beginnen Sie, die Tortilla wie einen Umschlag um den Burger zu falten.

Frühstücks-Burger

Kochzeit: 11-13 Minuten
Portionen: 4

Zutaten:

- 1½ Rinderhackfleisch
- 1/2 lb gemahlene Schweinefleisch-Frühstückswurst
- 2 Esslöffel Butter
- 8 Streifen Speck
- 4 Scheiben scharfer Cheddar-Käse
- 4 Brioche-Brötchen
- 4 Ei s
- 4 dicke Scheiben Tomate

Methode:

1. Mischen Sie in einer mittelgroßen Schüssel das Rinderhackfleisch und die Wurst, bis alles gut vermischt ist.
2. Zu 4 Patties formen und in den Kühlschrank stellen, während das EGG erhitzt wird.
3. Butter in einer großen Pfanne schmelzen und die Eier auf jeder Seite 2 Minuten braten.
4. Heizen Sie das EGG auf 400°F vor.
5. Speck auf ein kleines Backblech legen und auf den Rost im EGG (R) legen. Knusprig garen.
6. Legen Sie die Patties auf den Rost und schließen Sie die Kuppel für 3 Minuten.
7. Wenden Sie die Burger und setzen Sie die Kuppel für weitere 3 Minuten auf.
8. Schließen Sie alle Lüftungsschlitze und lassen Sie die Burger weitere 5 Minuten ruhen. Die Innentemperatur des Burgers sollte 150°F betragen.
9. Legen Sie den Käse auf die Burger und decken Sie sie noch 1 Minute lang zu.
10. Stellen Sie die Burger zusammen, indem Sie einen Burger auf das untere Brötchen legen und mit Speck, Tomate und einem Spiegelei belegen.

Klassischer amerikanischer Burger

Kochzeit: 10-12 Minuten
Portionen: 4

Zutaten:

- 2 Pfund Rinderhackfleisch
- 1/2 Teelöffel Salz
- 1/4 Teelöffel Pfeffer
- 4 Scheiben amerikanischer Käse
- 4 Hamburger-Brötchen
- Grüner Blattsalat
- Tomate in Scheiben geschnitten
- Ketchup
- Senf
- Gewürzgurke in Scheiben

Methode:

1. Rinderhackfleisch zu vier Patties formen und beide Seiten mit Salz und Pfeffer würzen.
2. Heizen Sie das EGG auf 500°F vor.
3. Burger auf den Rost legen und die Kuppel für 3 Minuten schließen.
4. Burger wenden und die Kuppel für weitere 2 Minuten schließen.
5. Schließen Sie alle Lüftungsschlitze und lassen Sie die Burger 5 Minuten lang ruhen.
6. Legen Sie auf jeden Burger eine Scheibe Käse und schließen Sie die Kuppel für weitere 1 Minute.
7. Burger mit Salat, Tomate, Gurke, Senf und Ketchup belegen.

Hähnchen-Keema-Burger

Kochzeit: 11-12 Minuten
Portionen: 4

Zutaten:

- 2 Pfund gemahlenes Huhn
- 1/2 Tasse frisches Paniermehl
- 1 Esslöffel Olivenöl
- 2 Knoblauchzehen, fein gehackt
- 1 kleine Zwiebel, fein gewürfelt
- 1 Ei
- 4 Stücke Naan
- 2 Esslöffel indische Gewürzmischung
- 1/2 Tasse Joghurt griechischer Art
- 1/2 Tasse fein gehackte, entkernte, Gurke
- 2 Esslöffel gehackter frischer Koriander
- 1 Teelöffel fein gehackte grüne Zwiebel
- 1/4 Teelöffel gemahlener Kreuzkümmel

Methode:

1. Vermengen Sie die Zutaten für die Raita in einer kleinen Schüssel und stellen Sie sie beiseite. Die Raita kann einen Tag im Voraus zubereitet, abgedeckt und im Kühlschrank aufbewahrt werden.
2. In einer kleinen Pfanne Olivenöl auf mittlerer Stufe erhitzen und Zwiebel und Knoblauch hinzufügen. Kochen, bis sie weich und glasig sind. Zum Abkühlen beiseite stellen.
3. Vermengen Sie in einer mittelgroßen Schüssel das gemahlene Hühnerfleisch, die Semmelbrösel, die Zwiebelmischung, das Ei und den Indian Spice Rub, bis alles gut vermischt ist. 4 Patties formen und im Kühlschrank 10 Minuten lang abkühlen lassen.
4. Heizen Sie das EGG auf 500°F vor.
5. Burger auf den Rost legen und die Kuppel für 3 Minuten schließen.
6. Burger wenden und die Kuppel für weitere 3 Minuten schließen.
7. Schließen Sie alle Belüftungsöffnungen und lassen Sie die Burger 5-6 Minuten lang ruhen oder bis die Innentemperatur 170°F erreicht hat.
8. Servieren Sie die Burger auf Naan, gekrönt mit Raita.

Der Kronjuwelen-Burger

Kochzeit: 10-12 Minuten
Portionen: 4

Zutaten:

- 2 Pfund Rinderhackfleisch
- 1/2 Teelöffel Salz
- 1/4 Teelöffel Pfeffer
- 1 Pfund dünn geschnittenes Pastrami
- 1 Tasse geschredderter Römersalat
- 1/4 Tasse Mayonnaise
- 2 Esslöffel Ketchup
- 1/8 Teelöffel Zwiebelpulver
- 4 Scheiben scharfer Cheddar-Käse
- 4 Hamburger-Brötchen
- 1 Tomate, in Scheiben geschnitten

Methode:

1. Rinderhackfleisch zu vier Patties formen und beide Seiten mit Salz und Pfeffer würzen.
2. Mischen Sie in der Zwischenzeit Mayonnaise, Ketchup und Zwiebelpulver zusammen. Auf jedes Brötchen schmieren.
3. Legen Sie jeden mit Pastrami und Käse belegten Burger auf die vorbereiteten Brötchen und belegen Sie ihn mit geschreddertem Salat und Tomate.
4. Heizen Sie das EGG auf 500°F vor.
5. Burger auf den Rost legen und die Kuppel für 3 Minuten schließen.
6. Burger wenden und die Kuppel für weitere 2 Minuten schließen.
7. Schließen Sie alle Lüftungsschlitze und lassen Sie die Burger 5 Minuten lang ruhen.
8. Jeden Burger mit 1/4 der Pastrami und einer Scheibe Käse belegen und die Kuppel für 1 weitere Minute schließen.

Der beste Truthahn-Burger aller Zeiten

Kochzeit: 10-12 Minuten
Portionen: 4

Zutaten:

- 1½ Pfund Putenhackfleisch (eine Mischung aus weißem und dunklem Fleisch ist am besten)
- 1/2 Tasse frisches Paniermehl
- 1/4 Tasse geschredderte Zwiebel
- 1/4 Tasse geschredderter Granny Smith Apfel
- 1/2 Teelöffel Salz
- 1/4 Teelöffel Pfeffer
- 1 Ei, verquirlt
- 1 Knoblauchzehe, gerieben
- 1/4 Tasse Mayonnaise
- 2 Esslöffel Besto Pesto
- 1/2 Teelöffel Sriracha
- 1 Tasse Rucola
- 4 Brioche-Brötchen
- 1 Granny Smith Apfel, in dünne Scheiben geschnitten

Methode:

1. Kombinieren Sie die Zutaten für den Burger in einer großen Schüssel gut. Zu 4 Patties formen und in den Kühlschrank stellen, während das EGG auf Temperatur kommt.
2. Heizen Sie das EGG auf 450°F vor.
3. Puten-Burger auf den Rost legen und die Kuppel für 3 Minuten schließen.
4. Wenden Sie die Burger und schließen Sie die Kuppel für weitere 3 Minuten.
5. Schließen Sie alle Belüftungsöffnungen und lassen Sie die Burger weitere 5 Minuten ruhen oder bis die Innentemperatur 170°F erreicht hat.
6. Aioli-Mischung zusammenrühren.
7. Nehmen Sie die Burger heraus und servieren Sie sie auf einem getoasteten Brioche-Brötchen mit Rucola, dünn geschnittenem Apfel und einem gesunden Klecks Aioli.

Oahu Burger

Kochzeit: 10-12 Minuten
Portionen: 4

Zutaten:

- 2 Pfund Rinderhackfleisch
- 1/4 Tasse angedickte Teriyaki Marinade
- 1/4 Tasse Mayonnaise
- 1/2 Teelöffel Sambal oder Sriracha
- 4 Scheiben frische Ananas, entkernt
- 4 Scheiben Tomate
- 4 Scheiben Kopfsalat
- 4 Hawaii-Hamburger-Brötchen

Methode:

1. Rinderhackfleisch zu vier Patties formen und beide Seiten mit Salz und Pfeffer würzen.
2. In einer kleinen Schüssel Mayonnaise mit scharfer Chilisauce mischen und auf die Brötchen streichen.
3. Belegen Sie jedes Brötchen mit einem Burger, einer Scheibe Ananas, Salat und Tomate.
4. Heizen Sie das EGG auf 500°F vor.
5. Burger auf den Rost legen und die Kuppel für 3 Minuten schließen.
6. Burger wenden, mit Teriyaki Marinade begießen und die Ananasscheiben auf den Rost legen. Schließen Sie die Kuppel für weitere 2 Minuten.
7. Die Burger erneut wenden und mit der restlichen Teriyaki Marinade begießen. Schließen Sie die Kuppel.
8. Schließen Sie alle Lüftungsschlitze und lassen Sie die Burger 5 Minuten lang ruhen.

"Das Meisterstück"

Kochzeit: 10-12 Minuten
Portionen: 4

Zutaten:

- 2 Pfund Rinderhackfleisch
- 6 Unzen geschnittene Champignons
- 4 Esslöffel geschredderter geräucherter Gouda
- 2 Esslöffel Butter
- 2 Esslöffel Olivenöl
- 2 Esslöffel Dijon-Senf
- 1/2 Teelöffel Salz
- 1/4 Teelöffel Pfeffer
- 8 Scheiben Speck, gekocht und zerkrümelt
- 4 Scheiben Schweizer Käse
- 4 Brioche-Brötchen
- 1 kleine Zwiebel, in Scheiben geschnitten

Methode:

1. Erhitzen Sie eine Pfanne bei mittlerer Hitze und geben Sie 1 Esslöffel Butter und 1 Esslöffel Olivenöl hinein.
2. Geben Sie die Pilze in die Pfanne und bewegen Sie sie NICHT. 5-7 Minuten sautieren oder bis die Pilze gebräunt sind. Aus der Pfanne nehmen und beiseite stellen.
3. In der gleichen Pfanne die restliche Butter und das Olivenöl erhitzen und die Zwiebeln hinzufügen. Bei mittlerer Hitze anbraten, bis sie glasig werden und zu bräunen beginnen, etwa 10 Minuten. Vom Herd nehmen und zum Abkühlen beiseite stellen.
4. Zwiebel, Champignons und zerbröckelten Speck mischen.
5. Heizen Sie das EGG auf 425°F vor.
6. Rinderhackfleisch zu acht Patties formen und beidseitig mit Salz und Pfeffer würzen.
7. Geben Sie einen großzügigen Löffel der Pilz-Zwiebel-Mischung in die Mitte von vier Patties und belegen Sie sie mit geräuchertem Gouda.
8. Legen Sie einen weiteren Fladen darauf und drücken Sie die Seiten an, um die Mischung im Inneren zu versiegeln.
9. Burger auf den Rost legen und die Kuppel für 5 Minuten schließen.

10. Burger wenden und die Kuppel für weitere 3 Minuten schließen.
11. Schließen Sie alle Lüftungsschlitze und lassen Sie die Burger 5 Minuten lang ruhen.
12. Legen Sie auf jeden Burger eine Scheibe Schweizer Käse und schließen Sie die Kuppel für weitere 1 Minute.
13. Brötchen mit Senf bestreichen, mit Burgern und Brötchenaufsätzen belegen.

Schinken-Käse-Panini

Kochzeit: 15 Minuten
Portionen: 4

Zutaten:

- 4 Scheiben Parmaschinken
- Deli-Räucherschinken -1/2 Pfund
- Scharfer brauner Senf -1/4 Tasse
- 8 Scheiben Vollkornbrot
- 8 Scheiben scharfer weißer Cheddar-Käse
- Verpackter Baby-Rucola -2 Tassen
- 1 reife Bartlett-Birne, entkernt und in 20 dünne Scheiben geschnitten
- Olivenöl

Methode:

1. Verteilen Sie den Senf gleichmäßig auf einer Seite jeder Brotscheibe.
2. Belegen Sie jede der 4 Brotscheiben mit 1 Scheibe Käse und der Hälfte des Rucolas.
3. Fügen Sie die Birnen- und Schinkenscheiben hinzu und belegen Sie sie mit dem restlichen Rucola, Cheddar-Käse und den Brotscheiben.
4. Drücken Sie die Sandwiches zusammen. Pinseln Sie die Außenseite der Sandwiches leicht mit Öl ein.
5. Braten Sie die Sandwiches auf der Grillplatte, wobei Sie sie einmal umdrehen, bis der Käse vollständig geschmolzen und das Brot golden ist.

Kapitel 11: Rubs, Marinaden und Saucen

Klassischer amerikanischer brauner Zucker-Rub

Zutaten:

- 1/2 Tasse hellbrauner Zucker
- 1/4 c geräucherter Paprika
- 4 Esslöffel koscheres Salz
- 3 Esslöffel schwarzer Pfeffer
- 2 Teelöffel Zwiebelpulver
- 2 Teelöffel Knoblauchpulver
- 2 Teelöffel Selleriesamen
- 1 Teelöffel rote Paprikaflocken

Methode:

1. Kombinieren Sie die Zutaten in einer kleinen Schüssel.
2. Fleisch und Haut damit einreiben und vor dem Räuchern oder Grillen mindestens 30 Minuten einwirken lassen.
3. Nicht verwendete Portionen können in einem luftdichten Behälter bis zu 6 Monate aufbewahrt werden.

Englisch Pub Rub

Zutaten:

- 1 Rinderbrühwürfel, pulverisiert
- 2 Knoblauchzehen, zerdrückt
- 1 kleine Schalotte, fein gewürfelt
- 1 Teelöffel koscheres Salz
- 1/4 c kaltgepresstes Olivenöl

Methode:

1. Kombinieren Sie die Zutaten in einer kleinen Schüssel und bestreichen Sie die Steaks damit.
2. Lassen Sie das Produkt vor dem Räuchern mindestens 30 Minuten ruhen.

Berbere Gewürzmischung

Zutaten:

- 1 Esslöffel Paprika
- 1½ Teelöffel Cayennepfeffer
- 1½ Teelöffel gemahlener Ingwer
- 1 Teelöffel gemahlener Piment
- 1 Teelöffel gemahlener Kreuzkümmel
- 1/2 Teelöffel Muskatnuss
- 1/2 Teelöffel gemahlener Zimt
- 1/2 Teelöffel getrockneter Oregano
- 1/4 Teelöffel gemahlene Nelken

Methode:

1. Kombinieren Sie die Zutaten in einer kleinen Schüssel.
2. Fleisch und Haut damit einreiben und vor dem Räuchern mindestens eine Stunde ziehen lassen.
3. Nicht verwendete Portionen können in einem luftdichten Behälter bis zu 6 Monate aufbewahrt werden.

Asiatischer Rub

Zutaten:

- 1/4 c Paprika (spanischer oder süßer Paprika funktioniert am besten)
- 2 Esslöffel trockener Senf
- 2 Esslöffel Chinesisches Fünf-Gewürze-Pulver
- 2 Esslöffel gemahlener Ingwer
- 1 Esslöffel Salz
- 1 Esslöffel Pfeffer
- 1 Esslöffel zerstoßene rote Pfefferflocken

Methode:

1. Kombinieren Sie alle Zutaten in einer kleinen Schüssel.
2. Kann in einem luftdichten Behälter bis zu 6 Monate aufbewahrt werden.

Adobo-Rub

Zutaten:

- 1 Esslöffel Ancho-Chili-Pulver
- 1 Teelöffel gemahlener Kreuzkümmel
- 1 Teelöffel Zwiebelpulver
- 1 Teelöffel Knoblauchpulver
- 1 Teelöffel Salz
- 1/2 Teelöffel Pfeffer
- Der Saft von 1 Limette
- 2 Esslöffel kaltgepresstes Olivenöl

Methode:

1. Mischen Sie die Zutaten in einer kleinen Schüssel gründlich und reiben Sie das Huhn oder Schweinefleisch damit ein.
2. Vor dem Räuchern 4-6 Stunden oder über Nacht ruhen lassen.

Habanero-Rub

Zutaten:

- 3 Esslöffel Zwiebelpulver
- 2 Esslöffel Knoblauchpulver
- 2 Esslöffel Paprika
- 2 Esslöffel hellbrauner Zucker
- 1 Esslöffel gemahlener Piment
- 1 Esslöffel gemahlenes Chipotle-Chilipulver
- 2 Teelöffel gemahlener Zimt
- 2 Teelöffel gemahlener Thymian
- 1 Teelöffel gemahlenes Habanero-Chilipulver
- 1 Teelöffel gemahlene getrocknete Zitronenschale
- 1/2 Teelöffel gemahlene Muskatnuss

Methode:

1. Kombinieren Sie die Zutaten in einer kleinen Schüssel.
2. Fleisch und Haut damit einreiben und vor dem Räuchern mindestens eine Stunde ziehen lassen.
3. Nicht verwendete Portionen können in einem luftdichten Behälter bis zu 6 Monate aufbewahrt werden.
4. Tipp: Sie können Habanero-Chilipulver online finden, aber wenn Sie in der Klemme sind, ersetzen Sie Cayennepfeffer und erhöhen Sie die getrocknete Zitronenschale auf 1½ Teelöffel.

Chile-Rub

Zutaten:

- 4 getrocknete New-Mexico-Chilis
- 4 getrocknete Guajillo-Chilis
- 4 getrocknete Ancho-Chilis
- 1/2 c Kreuzkümmelsamen
- 1/4 c getrockneter Oregano
- 1/4 c Paprika
- 3 Esslöffel koscheres Salz
- 1 Esslöffel Zwiebelpulver
- 2 Teelöffel Knoblauchpulver

Methode:

1. Geben Sie alle Zutaten in eine Gewürzmühle und pulsieren Sie, bis sie gründlich gemahlen sind.
2. Dann fügen Sie Zwiebelpulver und Knoblauchpulver hinzu.
3. Kombinieren Sie die Zutaten in einer kleinen Schüssel.
4. Fleisch und Haut damit einreiben und vor dem Räuchern mindestens eine Stunde ziehen lassen.
5. Nicht verwendete Portionen können in einem luftdichten Behälter bis zu 6 Monate aufbewahrt werden.

Carne Asada Rub

Zutaten:

- 2 Knoblauchzehen, zerdrückt
- 2 Esslöffel Limettensaft
- 2 Esslöffel Orangensaft
- 2 Esslöffel kaltgepresstes Olivenöl
- 1 Esslöffel Limettenschale
- 1 Esslöffel Orangenschale
- 1 Teelöffel Ancho-Chili-Pulver
- 1 Teelöffel Kreuzkümmel
- 1 Teelöffel Salz
- 1/2 Teelöffel Pfeffer
- 1/2 Teelöffel mexikanischer Oregano

Methode:

1. Kombinieren Sie in einer kleinen Schüssel.
2. Bestreichen Sie das Fleisch damit und lassen Sie es vor dem Räuchern oder Grillen mindestens 30 Minuten ziehen.

Country Style Rub

Zutaten:

- 1 Tasse weißer Zucker
- 1/2 c koscheres Salz
- 1/4 c süßer Paprika
- 2 Esslöffel Knoblauchpulver
- 1 Esslöffel gemahlener Kreuzkümmel
- 1 Esslöffel Cayennepfeffer
- 1 Esslöffel schwarzer Pfeffer
- 1 Teelöffel gemahlener Selleriesamen

Methode:

1. Kombinieren Sie die Zutaten in einer kleinen Schüssel.
2. Fleisch und Haut damit einreiben und vor dem Räuchern mindestens eine Stunde ziehen lassen.
3. Nicht verwendete Portionen können in einem luftdichten Behälter bis zu 6 Monate aufbewahrt werden.

Mediterrane Gewürzmischung

Zutaten:

- 3 Esslöffel getrockneter Rosmarin
- 2 Esslöffel gemahlener Kreuzkümmel
- 2 Esslöffel gemahlener Koriander
- 1 Esslöffel getrockneter Oregano
- 2 Teelöffel gemahlener Zimt
- 2 Teelöffel Knoblauchpulver
- 1 Teelöffel koscheres Salz

Methode:

1. Kombinieren Sie die Zutaten in einer kleinen Schüssel.
2. Fleisch und Haut damit einreiben und vor dem Räuchern mindestens eine Stunde ziehen lassen.
3. Nicht verwendete Portionen können in einem luftdichten Behälter bis zu 6 Monate aufbewahrt werden.

Kapitel 12: Spiel

Hirsch-Filets

Kochzeit: 35 Minuten
Portionen: 6

Zutaten:

- 1 Hirschfilet, gehäutet und in 6 gleiche Portionen geschnitten (3-lbs,1.36-kgs)
- Meersalz und frisch gemahlener schwarzer Pfeffer

Methode:

1. Die 6 Filets auf den Rost legen, mit Salz und schwarzem Pfeffer würzen und den Deckel des EGG 'S schließen. Nach 2 Minuten das Wildfleisch vierteln und den Deckel wieder schließen.
2. Nach 2 Minuten das Wildfleisch umdrehen und den Vorgang wiederholen, bis Sie auf beiden Seiten des Fleisches verkohlte Stellen sehen.
3. Das Wildfleisch aus dem EGG nehmen und locker mit Folie abdecken.
4. Lassen Sie das Fleisch 5 Minuten ruhen, bevor Sie es schneiden.
5. Servieren und genießen.

Hasenrücken mit Pastinaken, Kraut und Apfel

Kochzeit: 1 Stunden
Portionen: 4

Zutaten:

- 2 Hasenrücken, ohne Häutchen
- 4 Esslöffel Olivenöl
- 1 Zwiebel, geschält und fein gewürfelt
- 3 Pastinaken, geschält und in Würfel geschnitten
- 3 Granny Smith-Äpfel, entkernt und in Würfel geschnitten
- 1 Rotkohl, in Streifen geschnitten
- Wasser -1¾ Tassen
- Meersalz und schwarzer Pfeffer

Methode:

1. Stellen Sie eine Pfanne auf den Rost, geben Sie das Öl hinein und erhitzen Sie es.
2. Geben Sie die Zwiebel in das heiße Öl und braten Sie sie ein paar Minuten lang.
3. Anschließend die Pastinake zusammen mit dem Apfel hinzufügen und weitere 1-2 Minuten braten.
4. Den Kohl einrühren und weitere 2 Minuten braten, dabei das Gemüse gelegentlich wenden. Schließen Sie den Deckel des EGG 'S nach jeder Aktion.
5. Das Gemüse mit dem Wasser ablöschen, umrühren und mit Salz und Pfeffer würzen.
6. Nehmen Sie die Bratpfanne vom Rost.
7. Die Hasenrücken direkt auf den Rost legen und 2 Minuten grillen. Drehen Sie sie um und grillen Sie weitere 2 Minuten.
8. Die Hasenrücken mit der Fleischseite nach oben auf das Gemüse in der Pfanne legen.
9. Legen Sie die Bratpfanne auf die Mitte des Gitters.
10. Stecken Sie ein Fleischthermometer in die Mitte eines der Hasensättel. Stellen Sie die Kerntemperatur auf 125°F (52°C) ein und schließen Sie den Deckel des EGG 'S.
11. Garen Sie das Fleisch 20 Minuten lang, oder bis es seine Kerntemperatur erreicht hat.

12. Nehmen Sie die Pfanne aus dem EGG und filetieren Sie den Hasen mit der Rückseite eines Löffels.
13. Mit Meersalz und Pfeffer würzen und mit dem geschmorten Rotkohl und den Äpfeln servieren.

Wildschwein-Rippchen nach asiatischer Art

Kochzeit: 5 Stunden 45 Minuten
Portionen: 4

Zutaten:

- Wildschweinrippen, in 1-Rippen-Portionen geschnitten (6-lbs, 2.7-kgs)
- Sojasauce -3/4 Tasse
- Trockener Sherry -2/3 Tasse
- Verpackter dunkelbrauner Zucker -1/2 Tasse
- 6 Knoblauchzehen, geschält und gehackt
- Cayennepfeffer -1 Esslöffel
- Frischer Ingwer, gerieben -1 Esslöffel
- Chinesisches 5-Gewürzpulver -2 Teelöffel

Methode:

1. Trimmen Sie die Rippen von überschüssigem Fett und legen Sie sie in einer einzigen Schicht in eine Auffangschale.
2. Bereiten Sie als Nächstes die Marinade zu: In einem Topf die Sojasauce mit trockenem Sherry, dunkelbraunem Zucker, Knoblauch, Cayennepfeffer, Ingwer und chinesischem 5-Gewürze-Pulver vermengen.
3. Bei mittlerer Hitze kochen, bis sich der Zucker vollständig aufgelöst hat.
4. Nehmen Sie die Pfanne vom Herd und lassen Sie sie leicht abkühlen.
5. Gießen Sie die Marinade über die Rippchen.
6. Abdecken und für 60 Minuten in den Kühlschrank stellen, dabei die Rippchen einmal umdrehen.
7. Decken Sie die Tropfschale mit Alufolie ab.
8. Setzen Sie die Tropfschale auf den Rost und kochen Sie 45 Minuten lang.
9. Nehmen Sie die Rippchen aus der Pfanne und legen Sie sie auf den Rost.
10. Weitere 45-60 Minuten garen, bis die Rippchen zart sind, dabei gelegentlich mit der Marinade bepinseln.
11. Noch einmal mit der Marinade bepinseln und servieren.

Fazit

Die ultimative Anleitung für Ihren Big Green Egg Smoker. Verwenden Sie diese komplette Anleitung zum Räuchern aller Arten von Fleisch, Meeresfrüchten, Wild und Gemüse. Ein unentbehrliches Kochbuch für alle, die Fleisch räuchern wollen, ohne auf die Hilfe von Experten angewiesen zu sein. Bietet detaillierte Anleitungen, die durch jahrelanges Räuchern von Fleisch gewonnen wurden, enthält klare Anweisungen und Schritt-für-Schritt-Anleitungen für jedes Rezept.

Das inoffizielle Big Green Egg Kochbuch enthält Temperaturtabellen, hilfreiche Tipps und Tricks zum Grillen und Räuchern von Fleisch, um Ihnen die Arbeit zu erleichtern. Egal, ob Sie ein Anfänger im Fleischräuchern sind oder über die Grundlagen hinausgehen wollen, das Buch gibt Ihnen die Werkzeuge und Tipps, die Sie brauchen, um dieses perfekt geräucherte Fleisch zu starten.

www.ingramcontent.com/pod-product-compliance
Lightning Source LLC
Chambersburg PA
CBHW081401070526
44583CB00020B/2632